보수를 保守

보수하라 補修

푸른솔

保守 補修
보수를 보수하라

2020년 11월 12일 초판 발행
2023년 11월 15일 개정판 1쇄 발행

저자_조용균
발행자 _박흥주
발행처_도서출판 푸른솔
편집부_715-2493
영업부_704-2571
팩스_3273-4649
디자인_여백 커뮤니케이션
주소_서울시 마포구 삼개로 20 근신빌딩 별관 302호
등록번호_제 1-825

© 조용균 2023

값_20,000원

ISBN 979-11-979876-4-9 (03300)

국민의 힘, 국민에 의한, 국민을 위하여
Power of the people, by the people, for the people

보수^{保守}를
보수^{補修}하라

조용균 지음

푸른솔

| 추천사 |

외교부 장관
박 진

인천광역시 시장
유 정 복

국회의원(대구 달서갑)
홍 석 준

전)교육부총리·전)국회의원(연수구)
황 우 여

전국화물자동차공제조합 이사장
정 유 섭

국민의힘 전)당대표·전)국회의원
나 경 원

전)국회의원(부평갑)
조 진 형

재능대학교 총장
이 남 식

외교부 장관　　　　　　　　　　　　　박 진

프랑스에서는 해 질 녘을 '개와 늑대의 시간'이라고 부릅니다. 이는 황혼이 깔리면서 모든 사물이 검붉고 검푸르게 물들어가는 어스름한 시간인데, 낮의 짙은 붉은색과 밤의 짙은 푸른색이 만나 물체의 실루엣을 확실히 가늠하기가 어렵기 때문입니다. 저 언덕 너머로 다가오는 동물이 나를 반기러 오는 개인지, 나를 해치러 오는 늑대인지 분간하기 힘들 때라는 것입니다. 우리 시대는 이렇게 '개와 늑대의 시간'을 닮았습니다.

혼돈과 분열의 소용돌이에 빠진 한국 정치는 한 치 앞을 내다볼 수 없게 되었습니다. 국제 정세도 마찬가지입니다. 미중 패권 경쟁이나 러시아와 우크라이나의 전쟁, 이스라엘과 팔레스타인 하마스의 분쟁 등 세계 여러 나라의 경우도 앞날을 예측하기 힘든 상황입니다.

한국 사회의 분열과 갈등이 갈수록 심화되며 양극화되고 있습니다. 사회 계층 간의 양극화가 심화되어 분열되더니, 정치적으로 보수와 진보의 갈등이 격화되어 국민을 갈라놓고 있습니다. 정치가 갈등을 해결하지 못하고 오히려 갈등을 조장하고 있으며, 국민들의 신뢰를 받는 정치인이나 리더가 눈에 보이지 않습니다.

정치의 역할이 그 어느 때보다 중요합니다. 대한민국의 성장 동력이 취약해지고 구조개혁이 미흡해 여러 가지 문제가 나타나고 있습니다. 치열한 글로벌 경쟁에서 살아남아 대한민국이 재도약할지 추락할지, 참으로 중요한 순간입니다.

조용균 변호사의《보수를 보수하라》는 합리적이면서 보다 나은 비전을 세울 수 있는 보수주의자들의 좋은 나침반이 될 것으로 봅니다.

선진 시민문화가 받쳐주지 못하면 민주주의는 전진하기 힘들 것입니다. 한 차원 높이 성숙할 수도 없습니다. 원칙과 상식에 기반한 민주주의를 위한 문화적 기반으로서 우리가 주목해야 할 요소에는 무엇이 있을까요?

첫째, 겸손과 타협의 문화입니다. 아무리 똑똑한 사람도 잘못을 범할 수 있고, 아무리 선한 사람도 권력을 쥐면 타락할 수 있습니다. 누구의 주장도 완벽하지 못하기 때문에 서로 토론하고 비판하는 과정을 거쳐 더 나은 공공적 선택에 도달해야 합니다. 대화와 토론에 임해서는 상대방도 틀릴 수 있듯이, 자신도 틀릴 수 있음을 전제해야 합니다. 비판은 이성적이어야 하며 확실한 근거를 바탕으로 삼아야 합니다. 상대방의 의견을 존중하고 자기를 너무 내세우지 않아야 합니다. 어느 판단이 더 나은지 의견이 상충할 때는 서로 조금씩 양보하고 타협해 새로운 판단을 만드는 것이 최선입니다.

둘째, 사회적 자본입니다. 이는 사회적 신뢰, 준법정신, 타인을 위한 배려, 애국심, 이타적인 행동 같은 것을 뜻합니다. 사회적 신뢰가 깨졌다고 가정해 보면 작은 부동산 매매계약에서조차 추가 공증이 필요하고, 보증인을 더 붙여야 하며, 계약 위반에 대비한 공탁금을 걸어야 합니다. 이런 불편과 추가 활동이 모두 사회 비용을 유발합니다. 법을 무시하는 사람이 많을수록 공무원, 경찰과 검찰의 수를 늘려야 하고, 교도소를 증설해야 합니다. 이는 결국 국민의 추가 부담으로 돌아옵니다.

셋째로 들 수 있는 문화적 요소는 공공정신입니다. 국가나 사회는 그것을 구성하는 시민 모두의 공공재입니다. 그 공공재의 생산과 유지에 아무도 관심을 두지 않는다면, 더 성숙한 민주주의로 발전하기 어렵습니다. 공동체에 대한 관심과 참여, 공동체 자산에 손해를 끼치는 사람이나 단체에 대한 고발정신, 공동체의 운용 방식이나 미래에 대한 관심을 조직할 수 있는 시민사회 활동, 그리고 부정부패와 불법을 감시하는 시민정신이 없다면 우리 사회의 불법과 부당한 활동을 감시하고 처벌할 수 없습니다.

이런 성숙한 민주주의 문화를 선도할 수 있는 정치인이 필요합니다. 인천시 정무수석으로 함께 일해 본 경험에 의하면, 조용균 변호사야말로 그 적임자라고 할 수 있습니다. 그의 분투와 도약을 기원합니다.

국회의원(대구 달서갑)

홍 석 준

대한민국은 민주공화국입니다. 공화국은 공적업무 (respublica)라는 뜻입니다. 공화국은 무엇보다 공공선을 위한 국가를 뜻합니다. 모든 결정에서 공공선을 세우는 것은 정치인의 책무입니다.

민주주의와 공화주의는 서로 보완적 관계에 있습니다. 공화주의가 무너지면 대단히 위험해집니다. 민주 국가에는 의회의 국정조사, 감사원의 감사, 언론의 비판, 검찰의 수사, 법원의 판단 등 정부를 견제하는 여러 가지 장치가 있습니다.

새로운 시대정신은 공정, 정의, 공공선의 공화주의적 가치를 되살리는 과제와 관련이 있습니다. 공화주의는 원래 보수의 이념입니다. 제3공화국 시절 보수당은 공화당이었습니다. 박정희 전 대통령이 국민연금과 국민건강보험을 도입했다는 사실을 망각해서는 안됩니다.

우리는 원칙과 상식의 회복을 통한 공화국 건설이란 목표를 위해 노력해야 합니다. 공화국을 꾸리기 위해서는 모두를 하나로 모을 어젠다가 필요합니다. 어젠다는 사회를 하나로 모으는 목표나 원칙을 뜻합니다. 우리에게는 과거에 산업화와 민주화라는 확실한 어젠다가 있었습니다.

이제 원칙과 상식의 회복을 통한 새로운 대한민국을 이끌 어젠다를 세워야 합니다. 공정, 정의, 공공선 등의 공화주의적 가치를 회복하는 것이 그 새로운 어젠다일 것입니다.

원칙주의자이면서 공화주의자이자 진정한 보수주의자인 조용균 변호사의 호소가 우리사회의 새로운 변화의 시작이 되길 바랍니다.

전)교육부총리·전)국회의원(연수구)　　　　황 우 여

선진 사회문화는 신뢰가 높고 법과 질서가 준수된다
는 특징을 갖고 있습니다. 사회문화 선진화의 우선 과
제는 신뢰의 형성과 법치의 실현입니다.

　신뢰 사회는 법과 규범이 지켜지는 품격 있는 사회
입니다. 법치가 제대로 실현되지 않으면 신뢰를 기대
하기 어렵습니다. 사회에서 구성원들이 서로 공통의
규범과 가치를 존중할 것이라는 믿음이 없으면, 신뢰
가 형성되지 않고 아무리 좋은 제도나 시스템이더라
도 제대로 작동하지 않습니다.

　대한민국은 1948년 헌법을 제정한 이래 각 분야에
걸쳐 선진적인 제도를 마련해 왔습니다. 이렇게 법 제

도를 만드는 데 집중했으나, 그 제도의 확실한 시행이
나 성과 달성, 사회문화의 선진화에는 소홀했습니다.
법 제도를 운영하는 당사자가 신의에 따라 성실하게
직분을 다하도록 신뢰하며 권한을 주고, 지도층을 비
롯한 국민들이 법 제도를 준수하고 위반 시 제재하는
문화 형성도 미흡했습니다.

유감스럽게도 우리나라의 경우, 국가는 지도층부
터 법을 지키며 공정하게 법질서를 집행한다는 국민
의 신뢰를 얻지 못했습니다. 이런 후진적인 저신뢰 문
제가 법 제도의 효율적인 운영을 어렵게 하며, 자유민
주주의와 시장경제 체제가 효율적으로 작동하지 못
하게 합니다. 그리고 개인의 자유와 권리도 지킬 수 없
습니다.

조용균 변호사는 판사를 거쳐 인천시 정무수석까
지 경험하면서 법치와 행정의 유능한 전문가로서의
역량을 두루 갖춘 인물입니다. 우리 사회의 성숙한 법

치의 실현과 신뢰 형성을 위해《보수를 보수하라》가
우리사회에 좋은 메아리가 되길 기대합니다.

전국화물자동차공제조합 이사장　　　정 유 섭

오늘의 대한민국을 돌아봅니다. 일제 강점으로부터
해방된 지는 80년 가까이 흘렀고, 민족상잔의 비극인
한국전쟁이 끝나고는 70년이 흘렀습니다. 산업화와
민주화를 압축해서 달성했습니다. 대한민국이 극도
로 어려웠던 시기를 거치며 짧은 기간에 선진국의 반
열에 오른 것은 세계에서 그 유례를 찾아볼 수 없는
기적입니다.

　하지만 오늘날의 대한민국은 심각한 위기에 빠져
있습니다. 사회 곳곳에서 여전히 특권과 반칙이 난무
합니다. 사회 지도층의 오만과 횡포로 법치가 흔들리
고, 정치권은 증오와 분열을 조장하고 있습니다. 이는

정치 불신을 넘어 국가 위기로 다가오고 있습니다.

코로나 3년을 겪으며 어려워진 민생과 사회 각 분야의 경고음이 들리고 있습니다. 지나친 사교육 속에 교권이 크게 흔들리고, 눈앞의 이익을 쫓는 포퓰리즘이 만연하며 미래의 성장동력도 사라지고 있습니다. 이는 젊은이들을 좌절시키고 국민들의 희망을 앗아가고 있습니다.

나라가 총체적 위기에 빠져 있습니다. 만약 위기로부터 벗어나지 못한다면 대한민국은 다시 일어설 수 없을 것입니다. 골든타임(golden time)이란 재난이나 사고 발생 시 인명을 구조할 수 있는 최소한의 시간대를 말합니다. 즉 외상을 입었을 때 긴급 치료를 통해서 죽음에 이르는 것을 방지할 가능성이 가장 큰 시간대를 뜻합니다. 대한민국은 현재 골든타임에 직면해 있습니다. 짧게는 5년 길어도 10년 내에 위기를 돌파하지 않으면 대한민국의 미래는 없을 것입니다.

대한민국호(號)가 엄중한 위기를 돌파하기 위해서는 정치가 바로 서야 합니다. 정치가 국민들과 위기의 본질을 공유하고 위기 돌파의 방법을 찾아야 합니다. 조용균 변호사의 보수를 되돌아보고, 민생을 위한 보수로 거듭날 것을 이야기한《보수를 보수하라》는 우리사회의 올바른 나침반이 될 것으로 보입니다.

국민의힘 전)당대표·전)국회의원   나 경 원

통계청의 '2022년 인구동향조사'에 따르면 한국의 합계출산율은 역대 최저인 0.78명인 것으로 나타났습니다. 대한민국의 출산율은 OECD 꼴찌를 넘어 전 세계 꼴찌입니다. 최근 3년간 출생률을 보면 그 심각성이 드러납니다. 출생아 수에서 2020년 27만 2,400명이던 것이, 2021년 26만 500명이었고, 2022년 24만 9,000명을 기록했습니다.

출산을 하지 않는 이유로는 경제적 불안정, 양육 부담, 무자녀 생활의 여유로움 등이 확인되었습니다. 또한 비혼자 중 비자발적 비혼자가 80%를 차지한 것으로 볼 때 단순히 개인 문제가 아닌 사회 문제와 저출

산이 연관되어 있음을 알 수 있습니다.

하지만 이 많은 요인 중에서도 비정규직 급증과 고용불안이 출산율 저하의 중요한 원인 중 하나로 생각됩니다. 육아는 안정적인 소득이 뒷받침되어야 가능합니다.

저출산의 대표적 원인으로 높은 부동산 가격, 교육비 및 점증하는 경제적 불안 등의 경제적 요인을 꼽을 수 있습니다. 주택가격, 실업률, 사교육비는 저출산과 명확한 상관관계가 있습니다.

정치인이 할 일이 무척 많습니다. 특히 이렇게 민생과 관련된 문제는 냉철하고 합리적인 이성이 있어야 해결할 수 있을 것입니다. 조용균 변호사의 《보수를 보수하라》는 우리사회가 합리적으로 발전해 나갈 수 있는 좋은 메시지가 될 것으로 보입니다.

전)국회의원(부평갑)   조 진 형

신뢰가 낮은 사회는 우리 국민이 만들었다기보다는
엘리트 계층이 만들었다고 볼 수 있습니다. 한국 사회
의 '신뢰' 지수는 세계 하위권입니다. 특히 사법부, 군,
정치인, 정부 등 공적 기관에 대한 신뢰가 매우 낮습
니다.

　신뢰를 회복하기 위해서는 투명성의 개선이 필요합
니다. 문재인 정부의 통계 조작과 비영리단체의 회계
불투명성 같은 논란을 해소하기 위해서는 정부의 공
공정보 공개제도 확대와 비영리단체의 회계 투명성
확보가 필요합니다. 사회적 자본인 신뢰가 회복될 수
있도록 정부와 비영리단체의 투명성이 개선되고 법치

주의가 확립되어야 합니다.

　이는 지속적인 경제성장을 위해서도 필요하다고 봅니다. 신뢰는 사회통합 기반의 강화 등 여러 유용한 기능을 발휘하기 때문에 우리 사회의 미래를 위해서는 무너진 신뢰의 회복이 시급합니다. 결국 이를 통하여 관용을 베풀게 하고, 정치적 차이를 정당한 것으로 받아들이게 해 갈등과 문제 해결을 위한 정치적 비용도 줄일 수 있을 것입니다.

　유능하고 바람직한 정치인만이 사회의 신뢰 수준을 높일 수 있습니다. 믿을 만한 정치인이라고 할 수 있는 조용균 변호사의 뜻이 우리사회에 널리 알려지기를 바랍니다.

재능대학교 총장 　　　　　　　이 남 식

학력 중심 사회는 지나친 입시경쟁과 부정 입학, 사교
육비 가중으로 이어져 개인적·사회적 에너지를 낭비
합니다. 학벌을 강조하는 사회는 엘리트주의를 양산
합니다. 엘리트주의는 학벌로 국민을 계층화하고 등
급으로 학교를 서열화합니다.

　엘리트주의가 상식이 되면, 학력 간 임금 격차와 학
벌 중심의 평가가 학교와 기업 문화에 똬리를 틀게 됩
니다. 모두가 이의를 제기하지 않고 이 문화에 순응하
며, 입학이나 취업, 입사나 승진 모두 학벌이라는 기준
으로 결정되는 현실을 인정합니다. 이 모든 것이 어제
의 교육이 만들어온 폐단입니다.

교육이라는 백년대계를 다시 설계한다는 역사적 사명감을 갖고 교육개혁에 나서야 합니다. 범정부적 실천과 시민사회 차원의 혁신 노력이 체계적으로 결합되어야 합니다. 학벌지상주의와 대학의 서열화를 극복하기 위해서는 입시제도의 개선과 함께 대학의 뼈를 깎는 개혁이 요구됩니다.

모든 개혁의 근간인 교육개혁을 착실하게 추진하여 대한민국의 재도약과 사회 통합을 달성해야 합니다. 조용균 변호사처럼 미래에 대한 계획과 비전을 지닌 정치인의 과제 중 하나가 교육개혁의 추진일 것입니다. 《보수를 보수하라》는 그의 저서는 우리사회의 교육개혁에 좋은 지침서가 될 수 있다고 봅니다.

차례

'보수를 보수하라'를
보수하며

《보수를 보수하라》 초판을 발행한 것이 2020년 11월 12일이니 벌써 3년의 세월이 지나가고 있다.

처음 《보수를 보수하라》는 책을 집필한 후 발행할 당시 무너져 가는 보수의 모습을 보면서 안타까운 마음에 건전 보수가 재건되기 위해서는 어떤 정신적 무장과 실천이 필요한지 모색하고 이를 후세대에 전해야겠다는 사명감에 불탔다.

그러나 책이 출간된 후 코비드19의 광풍이 멈추고

사람들을 조금 편하게 만날 날을 기다리는 사이에 세상에는 그동안 대한민국 정치사에서는 볼 수 없었던 새로운 광풍이 불기 시작하였다.

　온갖 범죄혐의를 받고 있는 사람이 야당의 대표자가 되어 국민들에게 자신은 집권당으로부터 억울한 탄압을 받고 있다고 호소하며 20일 넘게 단식을 하더니 짧은 기간의 치료를 받은 다음 재판정에 섰다. 그는 구속영장실질심사를 '훌륭하게' 받아 증거인멸의 우려나 도망갈 우려가 없다는 이유로 불구속 상태가 되는 '초인적인 힘'을 보여주었다.

　물론 야당 대표라고 하더라도 억울한 점이 있다면 국민에게 그 절박함을 알리는 행위를 하는 것은 결코 부끄럽지 않은 일일 것이다. 그러나 만약 그 억울하다는 사연이 재판부에서 받아들여지지 않고 유죄로 인정되어 징역형을 살게 된다면 우리는 후세대에 뭐라고 말할 수 있을까? 법보다 더 귀한 가치인 양심과 도덕, 예절이 설 땅이 없는 곳에 진정한 자유민주주의나 공정과 상식이 통하는 세상을 만들 수 있을까?

과연 우리는 후세에게 어떻게 세상을 살아야 한다고 자신 있게 말할 수가 있을까?

혼란은 더 심해지고 가치관은 흔들리고 있다. 먹고 사는 문제가 심각한 오늘 여기에서 도덕과 양심, 공정과 상식을 찾는 것은 사치가 아닐까?

그러나 세상이 아무리 어지러워도 양심과 도덕이 있고 공정과 상식은 있다고 믿고 살아야 하지 않을까?

오히려 세상이 미쳐갈수록 지표로 삼을 바른 표상은 있어야 하지 않는가?

지금, 이 순간 여기에서 다시 3년 전에 쓴 《보수를 보수하라》를 들고 나올 수밖에 없는 세상이 부끄럽다.

그동안 세상을 돌아다니며 많은 사진을 찍었다. 그 사진들을 보면 세상은 물질적으로 많이 좋아진 것이 분명하다. 책 뒷부분에 사진들을 정리해보았다.

책을 건네면서 쓴 자필 문구가 생각난다.

'대한민국의 건전한 보수를 회복함에 동참해주셔서 감사합니다.'

또 다른 문구가 생각난다.

'바르게 사는 것이 경멸당하지 않는 세상'

- 2023년 시월에

'위대한 보수주의자들'의 탄생을 기대하며

2020년의 '4·15 총선'은 미래통합당 등 보수진영의 참패로 끝났다. 진보를 표방하는 집권 여당의 여러 실정에도 불구하고 보수진영은 간신히 개헌저지선을 확보하는 데 그쳤다. 정말 헌정사에 기록될 참담한 패배였다.

총선을 앞두고 집권 여당인 더불어민주당에게는 수많은 악재가 연속으로 발생했다. 말 많고 탈 많았던 소득주도성장과 주 52시간 근무제 강행, 그에 따른 경제 활력의 감소, 실질적인 실업인구 증가, 원자력발전 정책 포기에 따른 극심한 사회적 갈등, 조국 교수의 법무부장관 임명 강행과 관련한 정의와 도덕적 기준의 붕괴, 주요 청와대 참모진의 울산시장 선거 부정 개입 의혹, 친북·친중 외교에 따른 국가적 고립…. 집권 여당에게 이런 치명적인 악재들이 있었음에도 불구하고 보수진영은 지난 대선과 지방선거에 이어 이번 총선까지 한국정치사에서 유래를 찾아보기 힘든 연속적인 패배를 목도해야 했다. 과연 무엇이 문제였을까.

물론 이번 참패에는 여러 요인이 있었을 것이다. 당대표의 정치적 무능, 공천 잡음, 사전선거 부정 의혹, 예기치 않은 코로나바이러스의 창궐, 그에 따른 안정 추구 심리의 확산, 집권세력의 긴급생계지원금을 빙자한 사실상의 매표행위 등. 그러나 중요한 것은 어떤 이유를 대더라도 보수는 패배했다는 사실이다. 패배는 패배일 뿐이다.

이 지점에서 하나의 의문이 든다. 대부분 이번 총선의 참패를 대한민국 보수주의의 패배로 보고 있다. 이런 시각에 동의할 수 있는가? 대한민국에서 보수라고 말할 때, 그 '보수'란 단어는 무엇을 의미하는가? 과연 이 땅에 진정한 보수가 있는가? 이번 총선 후 언론에서 대문짝만큼 '보수주의의 참패'라고 언급할 만한 보수주의가 그동안 대한민국 내에 존재하고 있었던가? 이는 보수주의자를 자처하며 오랜 세월 동안 보수에 대해 깊이 고민해 온 나의 의문이다. 아마도 나 뿐 아니라 뜻 있는 많은 이들이 비슷한 질문을 던졌을 것이다.

미국의 보수주의에 영향을 미친 미국의 정치 이론가이자 사회 평론가였던 러셀 커크(Russell Kirk ·1918~1994)의《보수의 정신(Conservative Mind)》

이라는 명저가 있다. 서구 사회에서 보수를 논할 때 자주 인용되는 '보수주의의 바이블'과 같은 책이다. 개인적으로 총선 이전부터 이 책을 탐독했다. 이 책을 읽으면서 '과연 대한민국에 보수주의라고 주장할 만한 어떤 정치적 정체성이 존재하는가'라는 본질적 질문을 던지게 되었다.

이 책은 이런 나의 근본적 질문에 따른 결과물이다. 이번 총선 결과를 보면서 보수는 먼저 밖을 탓하기 이전에 안을 성찰해야 한다고 생각했다. 새로운 보수, 창조적 보수, 희망을 주는 보수의 재건을 위해선 보수 안에서 개선해 나가야 할 점이 무엇인지를 통렬하게 살펴보아야 한다. 이 책에 그 성찰의 기록을 담았다. 그 성찰을 기반으로 '보수란 과연 무엇이며 대한민국에서 보수는 살아남아 시대정신을 담고 희망을 줄 수 있는 정치이념인지'를 들여다보았다. 만일 그럴 가능성이 있다면 대한민국 내에서 참다운 보수를 재건하기 위해서는 어떤 노력이 필요한지도 다뤘다. 보수 재건을 위해 우리는 어떤 이념을 표방해야 하고, 어떤 자세를 지녀야 하며, 어떤 노력을 기울이고, 어떤 정책을 펼쳐야 하는지 등을 말이다.

물론 이 책은 전문적이고 학술적으로 보수주의를 규명하고 보수의 이념과 정책 등을 논하고 있지는 않다. 솔직히 필자는 그럴 만한 전문성이나 역량을 지니고 있지 않으며 바쁜 일상을 지내야 하는 생활인으로서 깊이 연구할 만한 시간도 없었다. 그러나 보수에 대한 신념과 열정만은 어느 누구 못지않다고 자부한다. 그래서 보수와 진보가 막무가내 식으로 대립하는 혼돈의 시대를 살아가는 한 사람으로서 그동안 마음에

품고 있던 순진한 의문을 세속적인 차원에서 풀어나 갔다. 혹시 이 글이 대한민국에서 실종된 보수의 참된 의미와 가치를 찾아내고 보수의 재건에 일조를 할 수 있는 계기가 될 수 있으면 좋겠다는 소박한 바람을 품고 말이다. 그리고 이 글에 자극을 받아 보수에 대한 건전하며 발전적인 이념 논쟁이 촉발되고 그 과정에서 건전한 보수 세력을 결집할 수 있는 '위대한 보수주의자'가 탄생할 수 있기를 바라면서 나름 최선을 다했다.

개인적으로 평생 꿈꿨던 것은 '한민족의 생존과 번영 그리고 인류에 대한 헌신'을 위한 든든한 보루로서 국민으로부터 사랑받는 자랑스러운 보수가 태어나는 것이었다. 이를 위해 필자가 부족하지만 '광야에 뿌려진 씨앗'이 될 수 있기를 소망했다. 이것은 진심이다. 그래서 이 책은 필자의 진심어린 고민과 꿈의 결과물이다. 그런 면에서 나는 뼛속 깊이 보수주의자다.

이 책에서 언급한 정책적 아이디어는 어떤 법률적 근거나 예산에 대한 검토를 바탕으로 제시한 것도 아니며 완성된 내용은 더더욱 아니다. 부디 이 글이 보수 재건의 소망을 지닌 자들 간에 건강하고 발전적인 토론이 펼쳐지고 집단지성의 힘을 통해 새로운 희망의 길을 찾는 계기가 되기를 기대한다.

사진으로 본
대한민국 발전상

———

광화문 네거리 전경 (1967년)

국제공항 (1970년)

* 출처 : 행정안전부 국가기록원 (www.archives.go.kr)

김해 간척사업 (1966년)

화력발전소 (1970년)

연세대학교 부속병원 전경 (1961년)

계천 무허가 건물들 (1972년)

현대자동차 울산공장 (1976년)

* 출처 : 행정안전부 국가기록원 (www.archives.go

현대조선소 (1974년)

* 출처 : 행정안전부 국가기록원 (www.archives.go.kr)

초가집 (1977년)

고시 시험장 전경 (1958년)

* 출처 : 행정안전부 국가기록원 (www.archives.go.kr)

서울 강남역 사거리 야경 (2014년)　　　* 출처 : 대한민국역사박물관 현대사아카이브 (www.much.go.kr) _ 공공누리 제1유

전국제공항 (연도 미상)　　　　* 출처 : 대한민국역사박물관 현대사아카이브 (www.much.go.kr) _ 공공누리 제1유형

인천대교

화력발전소(당인리발전소) 전경 (2020년)

* 출처 : 푸른솔

롯데월드타워 전경 (2020년)

된 청계천 (2020년)

* 출처 : 푸른솔

부산항 전경 (2016년)

조선해양 옥포조선소의 건조 선박과 골리앗 크레인 (2017년)

한울원자력발전소 전경 (2015년)

* 출처 : 한국수력원자력주식회사 (www.khnp.

송도 포스코타워 전경 (2020년)

1

보수란 무엇인가

．

우리는 보수를 잘못 이해하고 있다.
보수란 깊은 성찰을 통해 이해되는 개념이다

표준국어대사전에 따르면 보수(保守, Conservatism)란 '보전하여 지킴, 새로운 것이나 변화를 적극적으로 받아들이기보다는 전통적인 것을 옹호하며 유지하려 함'이라는 뜻이다. 이에 반해 진보(進步, Progress)란 '정도나 수준이 나아지거나 높아짐, 역사 발전의 합법칙성에 따라 사회의 변화나 발전을 추구함'을 뜻한다.

만약 보수와 진보를 사전적 의미의 대립 개념으로 본다면, 보수는 인류사의 발전 단계에서 정도나 수준이 나아지거나 높아지는 것을 반대하고 현 상황만을 보전하고 지키려는, 즉 수구(守舊)라는 시대착오적인 개념으로 여겨진다. 그렇다면 보수라는 개념은 시대가 발전하면서 사장되어야 하는 정치적 이념이란 말인가? 그렇지 않다. 우리는 보수를 잘못 이해하고 있다.

우선 정치적·이념적 의미에서 보수와 진보는 무슨 뜻인지 살펴보자. 정치적 혹은 이념적 의미의 보수와 진보라는 개념은 프랑스 대혁명 후에 나왔다. 당시 전통적인 부유층으로 기존의 왕정을 유지하고 지지하는 귀족 세력과 개인의 능력을 중시해 기존의 계급제도를 파괴하고 새로운 공화정이나 민주주의를 추구하고자 하는 신흥 부유층을 중심으로 한 평민 세력의 대립으로부터 보수와 진보의 개념이 유래했다. 그러나 그 같은 역사적 관점에 따른 보수와 진보에 대한 정의는 사람들의 지적 호기심을 충족시켜 줄 수 있을지는 몰라도 현재의 정치상황에 실용적 도움을 줄 수 있는 것은 아니라고 본다. 다만 이에 대한 러셀 커크의 다음과 같은 지적은 경청할 가치가 있다.

"근세의 왕정이 무너지거나 약화되는 과정에서 보통선거제를 요구하는 시민들의 요구가 거세져 갔다. 이 같은 혼돈 속에서, 엘리트 의식에 사로잡힌 진보주의자들은 '다수의 대중은 무지하기 때문에 소수의 뛰어난 선각자들이 민중의 정치적 요구를 조직화해 이끌어 나가지 않으면 안 된다'고 선동했다. 이에 대해 귀족 계급을 중심으로 한 기득권 세력은 민주주의가 중우(衆愚)정치로 타락할 가능성을 염려하며 격변하는 사회에서 신과 국가를 위해 무엇을 지켜내야 하는가를 고민하면서 보수가 태동하기 시작했다."

즉 보수란 진보적 이념이 범람할 때, 공동체가 지켜내야 할 소중한 가치와 제도가 무엇인가에 대한 깊은 성찰에서 유래했다는 설명이다. 이해가 되는 설명이다. 사실 개념은 시대에 따라 어느 정도 달라질 수 있다. 그렇다면 현재 대한민국이 당면하고 있는 이념적 혼재를 극복하는 데 도움이 되는 보수와 진보의 개념은 무엇일까? 필자는 '실용적 개념으로의 보수와 진보'를 생각한다. 즉 보수가 '기존 사회에 대한 변화와 발전을 개량하는 차원의 정치이념'이라면, 진보는 '이를 개혁하는 차원의 정치이념'이라고 볼 수 있다. '개량'과 '개혁'이란 단어에는 변화와 발전을 염원하는 마음이 함의되어 있지만 그 정도와 방향은 상당한 차이가 있다. 기존의 사회는 생물체와 같이 지속적으로 변화를 도모하고 있다. 결국 그 사회 변화의 방향과 정도를 기대하는 구성원들의 태도에 따라 상대적으로 보수와 진보라는 개념이 존재하는 것이다. 따라서 보수와 진보는 상대적 개념일 뿐 절대적 개념은 아니다.

다만 상대적 개념일지라도 둘 사이에는 기존 사회를 바라보는 시각, 즉 긍정적으로 바라보는지 혹은 부정적으로 바라보는지에 따라 커다란 차이가 존재한다. 과거의 역사를 포함, 현재 사회의 근간이 되는 가치관이나 제도 등에 대해 긍정적 평가를 내리는 집단은 자연스레 현 사회에 대해 우호적 태도를 취하면서 전체적으로는 큰 변화 없이 차츰차츰 사회를 개량하려 한다. 이에 비해 부정적 평가를 내리는 집단은 현 사회에 대해 비판적 태도를 취하면서 전체적인 틀 자체를 바꾸려는 시도를 하려 할 것이다. 따라서 비록 보수와 진보의 개념이 상대적이라 할지라도 양측에는 현 사회를 바라보는 근본적인 시각 차이가 존재한다. 그렇다면 자연히 다음과 같은 질문이 제기된다.

'지금 대한민국은 국가의 기본 틀을 바꿔야 할 만큼 변화가 절실한가?'

이 질문과 질문에 대한 답은 너무나 중요하다. 이에 대해서는 장을 바꿔 보다 구체적으로 논하려 한다.

2

대한민국의 보수가
갖추지 못한 것들

대한민국 보수(保守)는 보수(補修)가 필요하다.

우리 대한민국은 애석하게도 구한말 나라의 주권을 일본에 강탈당한 후 자주적이고 완전한 독립을 이루지 못하고 연합군의 승전에 따른 반사이익으로 반쪽의 독립만을 맞이했다. 자주적인 독립을 얻지 못한 결과, 제대로 된 국가로서의 틀을 갖추기도 전에 이념논쟁에 휩싸였다. 어렵사리 이승만 초대 대통령을 중심으로 자유민주주의와 자본주의를 근본으로 하는 자유대한민국을 출범시켰지만 소련공산당과 중국공산당의 사주와 지원을 받은 조선민주주의인민공화국의 불법적인 무력남침으로 대한민국이 지도상에서 없어질 수도 있는 절체절명의 위기에 처하기도 했다. 다행히 자유민주주의를 수호하려는 유엔군, 특히 미국의 참전으로 어렵게 휴전을 이끈 후 남과 북은 소위 체제경쟁을 하게 되었다. 그 과정에서 대한민국은 박정희 대통령 시대에 절대적 빈곤에서 벗어나 산업화를 이룰 수 있는 기틀을 마련했다. 이후 어느 정도 산입화를 이루자 잠시 등한시되었던 민주화의 열망이 높아졌다. 결국 그 열망이 꽃을 피워 대한민국은 제2차 세계대전 이후 식민지 상태에서 해방된 나라 중 유일하게 산업화와 민주화를 이룩한 자랑스러운 나라가 되었고 다른 개발도상국들이 부러워하는 선진국가로서의 지위도 얻게 되었다. 그와 함께 백범 김구 선생이 그토록 원하던 문화강국도 되어가고 있다.

그 와중에 산업화의 과실을 맛본 세력들은 '국민들의 먹고사는 문제를 해결할 능력이 있다는 명분' 아래 대한민국의 보수 세력임을 자처하면서 상당 기간 정치를 주도해 갔다. 그런 가운데 보수 세력이 이룬 업적은 천민자본주의에 불과하며 그에 따른 사회적 양극화의 심화라는 불평등의 확산으로 인해 진정한 민주주의는 실현되지 않고 있다고 생각하는 이른바 진보 진영이 결성되면서 이념 및 체제논쟁이 가열되었다. 그 논쟁은 현재도 진행 중이다. 아니 더욱 심화되었다.

마지막 보수집권세력이라는 이명박, 박근혜 대통령의 시대에 관행적으로 행해진 일들이 이른바 민주화세력으로부터 적폐(積弊)라는 이름으로 처절하게 단죄를 받으며 한국정치사에서 유래가 없는 보수의 참패를 맛보게 되었다.

자, 그렇다면 이 책 서문에서 밝혔듯이 그동안 대한민국의 보수를 자칭하던 세력들은 진정한 의미의 보수 세력으로 평가받을 수 있는가? 만약 그렇다면 어떤 면에서 그런 평가를 받을 수 있는가? 만약 그렇지 않다면 우리는 스스로 보수 세력이라 주장하던 그 세력들을 어떻게 평가해야 하는가?

어떤 이들은 대한민국의 건국이 친일잔재를 청산하지 못한 채 미국 주도 아래 외세에 의존해 이뤄졌기에 그 정통성을 인정할 수 없고 당연히 그 연장선상에 있던 과거의 보수집권세력도 역사적으로 청산되어야 할 집단이라고 평가하고 있다. 따라서 과거의 보수집권세력은 적폐세력일 뿐 진정한 의미의 보수라고 불릴 자격이 없다는 것이다.

그러나 국가의 건설이 반드시 과거의 어두운 세력의 청산을 통해서만 이뤄지고 그래야만 국가의 정통성이 인정되는지는 의문이다. 오히려 외세를 등에 업고 친일잔재청산을 기치로 내세워 정권을 장악한 후, 시대에 역행하는 세습을 감행하면서 인민의 민생고조차 해결하지 못하고 있는 조선민주주의인민공화국이야말로 정권의 정통성을 인정받을 수 없지 않을까 싶다. 국가의 건국이 어떤 경로로 되었는지의 진실 공방 문제는 차치하고 현재 구성원들의 행복추구권을 보장해줄 수 있는 국가가 있다면 과거 그 국가의 탄생에 문제가 있더라도 그에 대한 평가는 역사의 몫으로 남기고 그 정통성은 인정하는 것이 일반인들의 상식에 맞지 않을까 싶다.

만일 과거 어두운 역사와의 단절을 기준으로 지금

대한민국의 정통성에 계속 시비를 거는 사람들이 있다면 그들은 대한민국 건국의 정통성 문제를 넘어 과거 조선왕국 개국의 정통성도 문제 삼아야 할 것이다. 조선의 개국도 형식적으로는 역성혁명에 의한 선양(禪讓)의 형태로 이뤄졌다고 주장하는 이들도 있지만 본질적으로는 국가변란인 쿠데타에 의해 이뤄진 것이기 때문이다. 세계 제일의 강대국인 미국은 어떠한가. 미합중국도 본래는 노예제도를 근간으로 하여 종주국인 영국에 반란을 일으켜 세운 백인 중심의 국가다. 정통성을 따진다면 수많은 문제점이 나올 것이다. 물론 현재 어느 정도 논란의 여지가 있을지라도 근본적으로 미합중국 건국의 정통성을 부인하는 사람은 없을 것이다.

따라서 지금 대한민국의 정통성을 부정하고 그에 따라 보수집권세력이라 지칭하는 존재를 부정하는 것보다는, 지금의 대한민국을 만들어낸 과거의 세력이 지금 제대로 인정받지 못하는 원인을 파악하고 그 부족한 점을 보완하여 다가오는 미래의 구성원들에게 더 행복한 나라를 만들어주는 계기로 삼도록 하는 것이 옳지 않는가 생각한다.

아무튼 과거 대한민국이 경제성장을 거둔 시기에 집권했던 세력이 스스로를 보수주의의 적통이라고 주장하지만 자신들이 주도한 경제성장의 혜택을 받고 자라난 현재의 국가 구성원들에게 인정을 제대로 받지 못하고 있는 이유는 무엇일까. 그것은 아마 과거의 집권세력이 스스로를 보수주의라면서 내세운 업적인 경제성장의 과실이 천민자본주의에 기초해 이뤄진 것이기 때문이 아닐까 싶다. 그럼으로써 경제성장의 과실이 정의롭게 배분되지 않아 빈부격차가 심해짐에 따라 대다수의 사회 구성원들이 불평등을 느끼기 때문에 오는 것이라는 생각이 든다.

결국 자칭 '보수 세력'에 등을 돌린 사람들은 그동

안 대한민국의 경제성장을 이끈 보수 세력이 수단과 방법을 가리지 않고 부를 창출하고 승자로서 그 부를 독식하는 데에만 신경을 썼을 뿐 사회 구성원의 보편적 인권과 복지를 위한 배려, 사회 고위층 인사들에게 요구되는 높은 수준의 도덕적 의무를 뜻하는 '노블레스 오블리주(noblesse oblige)'는 전혀 실천하지 않았다고 판단했을 수 있다.

그런데 그들의 주장을 일부 받아들인다 해도 그것이 오직 보수만의 문제였을까? 진보는 상대적으로 노블레스 오블리주를 실천하며 사회 구성원 전체의 보편적 평등을 위해 헌신했을까? 전혀 그렇지 않았다. 현재의 집권세력인 진보 세력도 '조국(曹國)사태'에서 보였듯 자신들이 적폐라며 청산의 대상으로 삼고 있는 과거의 관행을 되풀이하고 있었다. 국민 대다수가 조국사태에 대해서 비판적 시각을 갖고 있음에도 진보 세력은 전가(傳家)의 보도(寶刀)인양 촛불혁명을 구실로 자신들의 그릇된 행태들을 정당화하고 있다. 이미 현재의 진보 세력은 그들이 배격하는 과거 기득권자인 보수 세력 이상으로 기득권화되었다. '노블레스 오블리주'는 역시 현재의 집권 세력에게도 발견되지 않는다. 최근의 부동산 문제와 관련한 집권 진보 세력의 소위 '내로남불'을 보면서 국민들은 점점 더 진보의 허위의식을 피부로 느끼고 있는 듯하다.

따라서 보수 세력이 주로 부정적 의미로 비판받고 있는 위에 제기된 문제들은 비단 보수 세력에게만 해당되는 것이 아니다. 사실 위의 문제점들은 단지 보수와 진보라는 프레임으로 해석될 수 있는 것은 아니라고 생각한다. 오히려 과거 조선왕조를 이은 대한제국이 갑작스레 단절되고 35년간의 일제치하에서 왜곡된 식민지 생활을 겪다가 갑작스러운 해방으로 신생

독립한 대한민국의 처지를 먼저 이해하는 것이 필요할 듯하다. 신생독립국인 대한민국은 당시 눈앞의 민생고를 해결하는 과정에서 과거 우리 조상이 지녔던 높은 도덕률과 남을 위한 배려심 등을 도외시한 채 그저 앞만 보고 달려갔던 것이 사실이다. 그 결과로 부와 권력의 양극화가 극심하게 이뤄져 사회 구성원들로 하여금 극심한 상대적 박탈감과 불평등, 소외감을 느끼게 한 것이 아닌가 싶다. 사실 이것은 동 시대를 사는 우리 모두가 철저히 반성해야 할 문제다.

보수와 진보를 불문하고 한국의 사회 고위층에게 노블레스 오블리주가 결여되어 있다는 점은 현실이다. 그럼에도 위와 같은 역사적 맥락에서 기존의 사회 구성원들은 그것이 유독 보수 세력만의 문제점이라고 여기는 경향이 짙다. 또한 진보 세력은 사회 구성원들의 그 같은 선입견에 편승, 자신들도 지니고 있는 보수 세력의 문제를 '내로남불'식으로 침소봉대하며 보수 세력을 몰아붙이고 있다. 그럼에도 보수를 자처하는 세력들은 위 지적을 뼈아프게 받아들이며 반성해야 한다. 그저 "너희도 그러지 않았느냐"라며 진보 세력을 공격하는 것으로 그쳐서는 안 된다. 사회 구성원들이 무릎을 치면서 수긍할 수 있는 보수의 반성, 겸허함, 희생정신을 보여줘야 한다. 그것이 '품격 있는' 보수가 지녀야 할 자세다.

보수는 그저 말만 보수라고 해서 보수가 되는 것이 결코 아니다. 보수에는 원칙이 있으며 품격이 있다. 마치 중세의 기사(騎士)들이 기사복을 입는다고 누구나 기사가 되는 것이 아닌 것과 같다. 기사가 되기 위해선 악과 불의에 맞서 정의를 행함, 여성과 약자를 보호함, 고향을 사랑함, 죽을 위기에 몰려도 교회를 사랑함 등의 기사도의 원칙을 지켜야 한다. 마찬가지로 보수주의자가 되기 위해서는 지켜야 할 원칙과 품격이 있다. 지금 대한민국의 보수를 재건하기 위해선 원칙과 품격 있는 보수가 되어야 한다.

'보수주의자의 아버지'로 불리는 아일랜드 출신의 영국 보수주의 정치가인 에드먼드 버크(Edmund Burke)의 연구를 필두로 1950년대까지 영미권의 보수주의를 연구한 러셀 커크가《보수의 정신》에서 제시한 '보수의 10대 원칙'을 살펴보자. 대한민국의 보수는 이 원칙을 지키고 있는지, 아니 보수주의자라고 자처하고 있는 나 자신이 이 10대 원칙대로 살고 있는지 자문해 본다.

① 보수주의자는 불변의 도덕적 질서가 존재한다고

믿는다.

② 보수주의자는 관습, 널리 오랫동안 합의된 지혜, 계속성을 중시한다.

③ 보수주의자는 소위 규범이라는 원칙을 믿는다.

④ 보수주의자는 신중함이라는 원칙에 따라 행동한다.

⑤ 보수주의자는 다양성의 원칙을 중시한다.

⑥ 보수주의자는 인간은 불완전하다는 원칙에 따라 스스로를 억제한다.

⑦ 보수주의자는 자유와 재산권이 밀접하게 연결돼 있다고 확신한다.

⑧ 보수주의자는 자발적인 공동체를 지지하고 비자발적 집단주의(Involuntary Collectivism, '강제적인 집산주의'로도 번역됨)에는 반대한다.

⑨ 보수주의자는 인간의 격정과 권력을 신중하게 자제해야 할 필요를 인지한다.

⑩ 보수주의자는 활력이 넘치는 사회라면 영속성과 변화를 반드시 인정하고 조화시켜야 한다고 생각한다.

다른 한편으로 '보수는 언제나 성장만을 강조했고, 강조하는가'라는 의문이 든다. 즉 이 말에는 '자유시장과 사유재산제도를 근간으로 하는 전통적 자본주의를 신봉하는 보수는 당연히 성장만을 강조할 뿐 분배에는 관심이 없다'라는 뜻이 내포되어 있는 듯 보이기 때문이다. 이 같은 의문은 앞서 언급한 '보수에게는 남에 대한 배려와 노블레스 오블리주가 결여되어 있다'는 비난과도 이어진다. 그러나 생각해보자. 사회의 발전, 특히 경제발전에 공헌하며 경제 전체의 파이를 키운 구성원들에게 정당한 몫이 분배되지 않는다면 누가 그 성장을 주도하기 위해 헌신하겠는가. 오히려 그것이 정의롭지 못한 것일 게다. 따라서 조화롭고 정의로운 사회가 되려면 성장과 분배의 적절한 조화가 반드시 필요하다. 그렇다면 '분배를 도외시한 성장'이나 '성장을 고려치 않는 분배'는 있을 수 없다. 그것은 결국 동질적 사회를 파괴하는 원인으로 작용할 것이다.

그러나 극단적으로 가정해서 만약 '성장과 분배가 양립될 수 없는 상황'이 되었을 때 그 둘 중 어떤 것을 선택할 것인가. 필자는 그 같은 극단적인 경우엔 성장을 택할 것이다. 왜냐하면 비록 성장과 분배가 동시에 이뤄지지 않더라도 일단 성장이 이루어지면 나중에 분배가 있을 것이라는 기대를 할 수 있을 것이기 때문이다. 성장 없는 분배는 이뤄질 수 없다. 성장이 이뤄지지 않는 가운데 분배만 있다면 '한정된 재화를 어

떻게 나눌 것인가'라는 문제로 원시사회와 같은 혼돈
이 올 것이 분명하다.

3

대한민국의 지정학적
위치에 따른 도전

지정학적 불리를 유리함으로 바꾸는 '담대한 도전'이 필요하다

최근 필자가 재레드 다이아몬드(Jared Diamond)의 명저 《총, 균, 쇠(Guns, Germs and Steel)》를 읽고 고교 시절부터 들어온 '한반도의 지정학적 위치'가 대한민국에서 가지는 의미에 대해 다시 한번 생각하게 되었다. 저자는 세계문명사의 관점에서 보면 어느 특정 지역에서 상대적으로 앞선 문명이 발생하고 발전해 다른 지역을 지배하는 현재의 국제적 역학관계의 원인을 분석하는 데 지리적인 요소를 중시해야 한다는 점을 강조했다. '왜 다른 대륙이 아닌 유라시아 대륙의 비슷한 위도에 위치한 지역에서 역사상의 패권국가들이 발생했는가'를 설명하기 위해선 당연히 지리적인 요인들을 고려한 분석이 필요하다는 주장이었다.

그 논리를 한반도에 투영해보자. 한반도란 땅에 위치한 대한민국의 과거와 현재 그리고 미래를 논할 때 마땅히 한반도를 둘러싼 4대 강국인 미국, 중국, 일본, 러시아와의 지리적 위치 및 외교관계 등 국제·정치적 역학관계를 고려해야 한다. 물론 세계화된 현시점에서 어떤 지역에서 일어나는 정치·사회적 현상은 국제적 영향력을 발휘하고 있는 위 4강과의 국제역학적인 관계를 도외시하고는 설명할 수 없는 경우가 많을 것이다. 그러나 한반도는 위와 같은 세계화에 따른 국제역학적인 영향을 넘어 바로 4대 강국 중 3개국과 영토나 해양을 통해 인접하고 있다는 점에서 전 세계 다른 어떤 지역보다도 그 지정학적 역학관계에 따른 영향을 강하게 받을 수밖에 없다는 점을 상기해야 한다.

불과 100여 년 전에 한반도에 대한 정치적 주도권을 두고 중국과 일본, 일본과 러시아가 직접 전쟁을 벌였다. 결국 미국의 묵인 아래 한반도는 35년 동안 일제의 식민지로 전락했다. 미국과 러시아의 전신인 소련을 중심으로 한 연합군의 제2차 세계대전 승리로 해방을 맞이했지만 미국과 소련의 이데올로기적 대립에 따라 북위 38도선을 기점으로 남북이 분단됐다. 그 후 냉전과 공산세력의 확대에 따른 북한의 남침으로 동족상잔의 전쟁을 겪었다. 긴 세월이 흘렀지만 아직도 휴전선을 중심으로 남북이 준전시상태로 대치하고 있는 것이 현실이다. 결국 대한민국의 근현대사를 설명하는 데 한반도를 둘러싼 4대 강국의 영향을 거론하지 않을 수 없다. 세계 4대 초강대국의 영향력이 직접적으로 충돌하고 있는 지역 가운데 한반도만큼 그들의 이해가 첨예하게 대립하는 지역이 전 세계 어디에 있는지 찾아보기 어렵다. 그만큼 한반도의 지정학적 위치는 숙명적이라고 할 만큼 4대 강국과 긴밀히 연결되어 있으며 복잡다기하다.

한편 이념적으로 인류보편적인 인권과 복지에 관심을 두고 있는 진보 세력에 비해 상대적으로 지역의 역사성과 지속성에 관심을 두고 있는 보수 세력으로서는 당연히 정강과 정책을 수립하는 데 한반도의 숙명적인 지정학적 요소들을 고려할 수밖에 없다. 아니, 반드시 고려해야만 한다. 따라서 대한민국에서 보수를 논할 때 필연적으로 대한민국이 안고 있는 지정학적 제한요소는 무엇인지를 살펴야 한다. 그 같은 요소를 감안한 상태에서 우리는 어떤 가치를 위해 어떤 정책을 실효성 있게 구사하는 '담대한 도전'을 해 나가야 하는지를 진지하게 고민해야 한다. 이것이 바로 품격 있고 원칙이 있는 보수가 해야 할 일이다.

요즘 '애국'이란 말이 과거 폴란드 망명정부의 지폐마냥 너무나 쉽게 남발되고 있다. 그럼에도 필자는 그 같은 보수의 '담대한 도전'이야말로 이 민족을 위한 진정한 애국과 애족의 길이라고 믿는다. 우리가 걸어가야 할 길은 애국의 길이다. 품격 있는 보수주의자들만이 그 길을 진정으로 걸을 수 있다. 그래서 우리는 참다운 보수, 품격 있는 보수가 무엇인지를 알아야 하고, 되어야 한다.

4

대한민국 보수의 최고 가치

'한민족의 생존과 번영 그리고 인류에 대한 공헌'

생존과 번영, 공헌이라는 보수의 사명을 자각하라

앞서 언급한 바와 같이 현재 대한민국에서 보이는 보수와 진보를 둘러싼 이념적 갈등의 가장 큰 원인은 우리 민족이 힘과 능력이 없어 자주적 근대화를 이루지 못하고 주권을 빼앗긴 상태로 일제 35년의 식민지 생활을 겪으면서 우리가 아닌 일제의 필요에 따라 근대화가 도입, 진행되었다는 점과 해방과정에서 우리의 힘과 의지의 기여 없이 미국과 소련을 중심으로 한 연합국에 의해 비자주적 해방을 맞았다는 점일 것이다. 그렇기 때문에 대한민국은 근대국가로의 발전과정에서 외세에 의존할 수밖에 없었다. 그 결과 조선시대의 사색당파 싸움과는 달리 제국주의 세력에게 빌붙는 매국적 파당행위가 횡행했고 그 과정에서 한민족은 민족의 생존을 유지하고 번영을 이루기는커녕 일제에 의해 민족적 자존심과 정체성을 짓밟히는 수모를 겪게 되었다. 또한 자주적인 독립이 아닌 외세에 의한 해방을 맞이하면서 남북이 인위적으로 갈라졌다. 특히 남한은 정치적 입장에 따라 정략적으로 이뤄진 미완의 친일세력 청산으로 인해 민족의 자존심을 충분히 회복하지 못하게 되었다.

그런 상태에서 공산 혁명을 꿈꾸며 한반도 적화통일을 위해 남침을 강행한 북한으로 인해 반공이데올로기가 사회의 지배적 가치로 자리 잡게 되었다. 그 후 개발독재에 의한 산업화와 그 개발독재에 항거하는 민주화가 대립적인 관계에서 순차로 이뤄지는 바람에 지금까지도 전 국민을 포용하는 사회적 통합이 이뤄지지 못한 채 친미, 친일적인 경제개발 세력과 친북, 친중적인 민주화 세력 간에 적폐청산을 둘러싼 갈등이 고조되고 있다. 그 갈등은 과거로까지 회귀되어 대한민국 건국의 정통성을 둘러싼 역사문제가 현재형으로 진행되면서 대한민국의 발전 방향과 속도를 두고 사회 구성원 사이에서 갈등이 증폭되고 있다.

결국 현재의 대한민국을 둘러싼 이념 갈등과 구성

원들 간 갈등의 가장 큰 원인은 우리 한민족이 근대화 과정에서 자주적인 역량을 잃어버리는 바람에 주체적 지위에서 국가의 운명을 결정하지 못하고 외세의 영향에 따라 수동적으로 민족의 운명이 결정되었기 때문이라고 생각한다. 따라서 보수·진보란 이념을 떠나 4대 강국의 영향력이 가장 첨예하게 대립하는 지금의 한반도에서 가장 절실한 최고의 가치는 '자주적인 역량에 의한 한민족의 생존과 번영'이며 이를 바탕으로 한 '홍익인간 정신에 근거한 인류에 대한 한민족의 공헌'이라고 믿는다.

특히 상대적으로 지역의 역사성과 지속성에 관심을 두고 있는 보수 세력으로서는 위 두 가치 중에 '자주적인 역량에 의한 한민족의 생존과 번영'에 좀 더 관심을 기울여야 한다고 생각한다. 물론 '인류에 대한 공헌'이라는 코스모폴리탄적 가치 역시 중요하다. 그러나 그 같은 진보적 가치 역시 '한민족의 생존과 번영'이 전제되지 않는다면 결국 사상누각에 불과한 구두선(口頭禪)에 그칠 수밖에 없다고 본다. 세계사적으로도 산업화에 의한 민족의 생존과 번영의 틀이 갖추어진 이후에 인류보편적인 민주화라는 진보적 상황이 도래한 것이 일반적인 경향이었다.

　한편 친미, 친일적 경제개발 세력과 친북, 친중적 민주화 세력 간의 적폐청산을 둘러싼 갈등과 그 갈등이 과거로까지 회귀되어 대한민국 건국의 정통성을 둘러싼 논쟁으로 전개되는 현상과 관련해서는 구성원들 사이의 정치적 이해관계에 따른 첨예한 대립을 지양하고 그에 대한 평가를 역사학자들의 연구에 일단 일임, 국력 낭비를 막아야 한다. 그럼으로써 좀 더 실용적 관점에서 대한민국의 발전 방향과 속도에 대해 사회 구성원 사이에 컨센서스를 도출해 내는 것이 절실하다고 생각한다. 즉 헌법이론 중 동화적 통합(同和的 統合) 이론에 근거, 대한민국 구성원 대다수가 수긍할 수 있는 가치관을 정립하고 그에 따라 제도를 정비함으로써 결국 국민이 행복한 나라를 건설하고 강화해나가는 것이 바른 태도가 아닐까 싶다.

5

자본주의를 바탕으로
경쟁을 중시하는
자유시장경제질서의 유지

사회주의로 시작해 자본주의를 지향한
벤처국가, 이스라엘을 주목하라

요즘 코로나바이러스 창궐에 따른 경제위축을 극복하기 위해 지급되는 긴급재난지원금을 둘러싸고 말들이 많다. 이 지원금이 단회성이 아닌 계속성을 띠는 것이 아닌가 하는 우려를 넘어 우리 경제체제가 자본주의를 바탕으로 한 자유시장경제질서에서 사회주의를 바탕으로 한 계획경제질서로 바뀌는 것이 아닌가 하는 보다 심각한 논란이 있는 것이다. 이러한 논란은 결국 성장과 분배 중 어디에 더 방점을 두는 경제체제를 운영할 것인가 하는 문제와도 연결된다. 분배에 중점을 두는 진보적 관점의 세력들은 북유럽의 사회보장제도를 강조하며 인간다운 삶을 살기 위해 경쟁보다는 분배를 중시하는 경제체제를 유지, 발전시켜야 한다고 강변한다.

그런데 진보 세력이 모델로 삼고 있는 북유럽 국가들과 우리나라는 지정학적으로나 경제 환경적으로나 그 처지가 크게 다르다는 점을 인식해야 한다. 북유럽

나라들은 먼저 안보 환경이 우리와는 비교되지 않을 정도로 좋다. 4대 강국의 이해관계가 첨예하게 반영되면서 남북이 아직 휴전상태에서 대립하고 있는 한반도의 안보상황과는 비교할 수 없을 정도로 그들의 안보 환경은 양호한 것이다. 따라서 국가 안보를 위한 국방비 등의 지출이 우리나라에 비해 상당이 적을 수밖에 없다. 또한 천연자원이 부족한 우리나라와는 달리 북유럽 국가들에는 풍부한 지하자원이 있어 국부(國富)를 창출하기 위한 대외의존도가 비교적 낮다는 점도 무시할 수 없다. 게다가 인구밀도도 비교적 낮아 생존을 위한 경쟁의 정도가 상대적으로 덜 치열하다고 볼 수 있다.

이에 비해 우리나라는 주변 강대국들의 계속되는 영향력 확대를 경계함과 동시에 아직도 적화야욕의 꿈을 버리지 못한 채 남한을 무력으로 통일하려고 긴장을 지속적으로 유발하는 북한으로부터 민족의 생존을 지켜내기 위해 막대한 국방비를 지출해야 한다. 이런 점을 감안할 때 우리는 안보 환경적 측면에서 북유럽 국가들보다는 오히려 이스라엘과 더 유사한 처지에 있다고 보는 것이 훨씬 정확하다. 또한 우리나라는 천연자원이 부족해 해외에서 원재료를 수입, 풍부한 인적 자원을 바탕으로 그것을 가공해 제품으로 생산한 후 수출해야 먹고살 수 있다. 자연스레 대외의존도가 높은 경제 환경에 처해 있는 것이다. 또한 인구밀도도 높아 기본적으로 경쟁이 배제된 사회와 비교하기에는 무리가 있다.

따라서 지정학적이며 경제 환경적인 위치를 고려할 때 우리는 민족의 생존과 번영을 위해 경쟁을 기반으로 한 자유시장경제질서를 유지할 수밖에 없다고 생각한다. 또한 경제에서 자본의 역할을 무시하지 않는 자본주의경제체제가 확립되어야 한다. 다만 자본주의의 폐해라고 할 수 있는 승자독식에 따른 양극화를 완화하기 위해 최소한으로 시장경제를 통제하는 노력도 게을리 해서는 안 된다고 본다. 앞서 언급했듯이 사회의 성장이 구성원들에게 어느 정도 골고루 분배되는 것이 보장되지 않는 사회에서는 일부를 제외한 대부분의 구성원들이 성장을 위해 헌신할 필요성을 전혀 느끼지 못하기 때문이다.

개인적으로 필자는 우리나라가 참조해야 할 국가로 이스라엘을 주목해야 한다고 생각한다. 우선 이스라엘이 처한 지정학적 안보 환경이 우리나라와 유사하다. 또한 천연자원이 부족한 대신 양질의 인적자원을 보유하고 있는 경제 환경도 두 나라가 비슷하다. 이스라엘을 연구하다 보면 흥미로운 점을 발견하게 된다. 지금의 이스라엘을 만드는 데 평생 헌신한 고 (故) 시몬 페레스(Shimon Peres) 전 이스라엘 대통령의 자서전 《작은 꿈을 위한 방은 없다(No Room For Small Dreams)》를 읽으면 건국 초기 집단농장인 기부츠(kibbutz) 등을 운영하면서 사회주의국가로 시작한 이스라엘이 현대 세계경제 흐름에 부응, 경쟁을 중시하며 자본주의를 지향하는 벤처국가로 변신했음을 알 수 있다. 여기서 우리가 배울 점이 있다고 생각한다. 즉 이스라엘과 같이 천연자원이 부족하지만 양질의 인적 자원을 가진 대한민국은 경쟁과 창의성을 기반으로 한 자유시장경제질서를 유지하는 자본주의국가를 지향함으로써 개인의 역량에 부응하는 충분한 대가를 보장하는 사회를 만들어야 한다는 점이다. 이를 위해 특허권, 저작권, 실용신안권 등 지적재산의 가치를 보호, 강화하는 방향으로 법제도를 정비할 필요가 있다.

다만 경쟁을 중요시하는 자유시장경제질서를 유지하다 보면 생산성 등 경제적 효율을 내세우는 자본주의 속성에 따라 경제체제에서 도태되거나 실직하는 노동자들에 대해 생존권을 보장해야 하는 문제가 생길 수 있다. 특히 4차 산업혁명 시대, 그리고 앞으로의 미래 세계에서는 로봇이나 인공지능이 육체노동자뿐만 아니라 전문 인력의 일자리도 빼앗아 갈 가능성이 크다. 그러기에 거대 자본을 바탕으로 로봇과 인공지능을 적극 도입하는 기업에 의해 일자리를 잃는 인간을 어떻게 먹고살게 할 것인가가 큰 사회적 문제가 될 수 있다. 이는 보수와 진보라는 이념과는 상관이 없다. 따라서 당연히 어떤 세력이 집권하든, 즉 보수와 진보를 막론하고 성장에 따른 분배의 문제가 심각히 대두될 수밖에 없다.

그럴 경우엔 보수주의 세력도 진보주의 세력과 마찬가지로 결국 성장에 따른 과실을 독식하는 소위 '있는 자들'에게 세금을 부과하는 형태 등으로 그들의 이익 일부를 가져와 사회 변화에 따라 어쩔 수 없이 일자리를 잃는 소위 '없는 자들'에게 분배하는 정책을 펼칠 수밖에 없을 것이다. 다만 진보주의자들이 이 같은 분배를 함에 있어 보편성을 강조하는 것에 비해 보수주의자들은 개별성을 염두에 두어야 한다고 생각한다. 특히 사회 구성원들의 '무임승차'에 따른 근로기피 성향이 팽배해지지 않도록 기본소득적 성격보다는 근로장려적 성격의 지원금 제도를 마련해야 할 것이다. 그리고 지원금의 형태로 국민의 부를 '있는 자'에게서 '없는 자'에게로 재분배하더라도 그것이 '민족의 생존과 번영'이라는 보수주의적 가치에 부합하도록 운영의 묘를 살릴 필요가 있다.

6

정치제도

한국 정치도 보수(補修)가 필요하다

'민족의 생존과 번영' 그리고 '인류에 대한 공헌'이라는 가치를 구현하는 위대한 대한민국을 만들기 위해 무엇보다도 먼저 살펴봐야 할 부분이 바로 정치 분야다. 물론 한 나라가 국력을 바탕으로 민족의 생존과 번영을 담보하면서 인류에 공헌하기 위해서는 정치뿐만 아니라 경제, 사회, 문화 등 모든 면에서 균형 있고 조화로운 발전을 이루지 않으면 안 될 것이다. 그러나 경제, 사회, 문화의 방향과 속도를 제시하고 추진하기 위해서는 결국 그 사회를 구성하는 사람들 간 의견 및 이해관계의 조율이 선행되어야 한다면 상대적으로 정치의 역할이 중요할 수밖에 없다고 본다. 사회 구성원들을 한군데로 묶어 나아가게 할 수 있는 동화적이며 통합적인 가치를 설정하고 이에 필요한 권리 및 의무, 제도를 설정하기 위해 규범적으로 제정한 것이 한 나라의 헌법이다. 헌법을 제정, 수호하고 그 헌법정신에 따른 법률을 만들어 사회를 통제하는 것 모두에는 반드시 정치적 행위가 필요하다. 따라서 어떤 분야보다 정치 영역이 중요하게 부각될 수밖에 없다.

특히 현재의 우리나라와 같이 사회 구성원 간의 양극화가 심화된 상황에서는 정치가 사회 구성원들의 통합이라는 본연의 자기 역할을 하지 못하고 정치 세력들이 양극단의 구성원에 편승, 오히려 분열을 조장하며 그에 따른 정치적 이득만을 취하려는 현상이 팽배해질 수 있다. 정치는 정말 중요하다. 그것으로 인해 모든 사회 현상들이 묶이거나 풀릴 수 있기 때문이다. 그럼에도 정치과잉 현상은 주의해야 한다. 요즘 우리나라에는 모든 사회 분야에 정치과잉 현상이 발생하고 있다. 그래서 우리는 다시 정치를 생각해야 한다. 정치가 사회 통합과 발전의 매개체라는 본연의 역할을 할 수 있도록 뭔가를 해야 한다. 그러므로 지금 우리에게는 다른 어느 나라보다도 정치의 중요성이 더 강조되어야 한다.

다만 정치 분야를 심도 있게 언급하는 것은 정치 전문가가 아닌 필자의 역량을 넘어서는 부분이다. 그럼에도 현실정치에 조금 발을 들여놓은 입장에서 필자는 한국정치의 문제점, 특히 한국정치에서 보수주의를 표방하는 정치단체가 지닌 문제점을 다소 언급하려 한다.

우선 한국정치를 논함에 있어 '정치를 이끄는 지도자들의 정직성 문제'를 언급하지 않을 수 없다. 정치인의 정직성 문제는 비단 보수정치세력만의 문제가 아니다. 조국 전 법무부장관이나 '정의기억연대'의 전 대표 윤미향 의원 사례에서 보듯이 진보를 표방하는 정치와 사회 지도자들도 정직과는 거리가 먼 경우가 너무나 많다. 요즘은 보수보다 진보 진영 사람들의 부정직 문제가 더욱 사회적 관심을 끌고 있는 듯하다. 이들은 일반 국민들이 자신들의 정직성에 대해 합리적 의심을 함에도 불구하고 그것을 제대로 해명할 생각은 하지 않고 오히려 진영논리로써 그 의혹을 제기한 세력을 매도하고 있다. 이들은 자신들에게 경도된 인터넷 매체 등을 동원해 일반 국민들까지 진영논리 싸움에 끌어들여 서로를 분열시키는 작태를 서슴없이 보이고 있다.

그 정도가 너무 심해 어떤 때는 그 같은 작태를 보임으로써 일반 국민들에게 보수, 진보를 불문한 기성 정치인들에 대한 혐오의식을 확산시켜 뜻있는 정직한 사람들의 정치 입문 의지를 원천적으로 봉쇄하기 위한 거대한 야합이 보수와 진보 세력 사이에 있는 것이 아닌가 하는 의문마저 든다.

필자는 이미 《이제, 바를 正을 만날 시간》이라는 졸저를 통해 정치에서 정직의 중요성을 강조했으며 우리나라의 인사청문회제도를 통해 본 정치인의 정직성을 담보하기 위한 제도의 개선 방안 등에 관해 언급했다. 지금 읽어보아도 아직 그때 가졌던 문제점이 해소되지 않고 있다는 느낌을 지울 수 없어 씁쓸하다. 기존에 언급했던 점과 중복되지 않는 범위 내에서 조금 더 기술하고자 한다.

우선 인사청문회제도의 실효성을 제고하기 위해 인사청문회를 실시할 때 사용되는 문답표를 활용, '문답표에 사실과 다른 기재 사항이 있는 경우에는 형사처벌을 받겠다'는 서약을 하게 해야 한다. 그리고 인사청문회 과정에서 그 기재 사항의 진실성에 관해 의문이 제기되는 경우에는 자동으로 수사를 받게 하게 하는 것이다. 물론 이를 위해서는 우리 법률에 인사청문회 문답표에 허위사실을 기재한 것 자체를 형사적으로 처벌하는 조항을 신설해야 할 것이다. 만약 그런

제도적 보완이 이뤄진다면 인사청문회 과정에서 문답표 기재의 진실성 여부를 둘러싼 논란은 수사기관에서 전문적으로 처리하고 임용에 상관없이 사후 허위 기재 사실이 밝혀지면 그에 대한 처벌을 받게 함으로써 인사청문회가 개인의 도덕성보다는 정책집행자로서의 전문성 검증에 중점을 두는 내실 있는 청문회가 되도록 할 수 있다. 또한 인사청문회 문답표에 허위사실을 기재한 대상자들은 임용 여부와 상관없이 사후라도 법적 처벌을 받게 함으로써 법집행의 평등성을 보장할 수 있을 것이다.

참다운 보수는 개인의 정직과 명예를 존중한다. 이런 정통 보수의 입장을 지닌 보수정당은 각종 공직선거에 출마하려는 후보자가 자신에게 제기되는 의혹에 대해 납득이 가는 해명을 하지 못할 경우엔 원천적으로 공직후보에서 배제하는 전통을 확립해야 한다. 그럼으로써 정직한 정치인에 의한 바른 정치를 바라는 건전한 국민들의 요구에 적극적으로 부응해야 한다. 그동안 보수 세력에 대해 '부패한 정치집단'이라는 프레임을 씌운 진보 세력에 대항하기 위해서라도 각종 선거의 공천과정에서 엄격한 기준을 적용함으로써 도덕성 문제에 있어서 우위를 점할 필요가 있다. 그 과정에서 개인적 능력이 있는 자가 희생되더라도 그것은 새로운 시대정신에 부합하는 건전한 보수의 재건을 위해 어쩔 수 없는 손실이라 생각하며 과감한 결단을 내려야 한다.

결국 정직이야말로 보수의 강력한 무기가 되어야 한다. 진보가 정직한 것이 아니라 참다운 보수가 정직하다! 우리는 '정직한 보수'를 되찾아야 한다. 보수는 이제 다시 '바를 정(正)'을 생각해야 한다.

다른 한편으로 지난 수년간 수많은 국민들이 아스

팔트 위에서 추위와 더위를 마다않고 싸우며 이념, 세대, 계층 및 지역 간 갈등을 증폭시켜 왔다. 각종 인터넷이나 SNS가 발달된 현대 사회에서 과거 대의정치에 따라 직접 목소리를 내지 못했던 국민들이 광장에 모여 자신의 소리를 발산하는 것 자체는 나쁘지 않다고 생각한다. 그러나 대중 집회가 늘 그러하듯이 집회를 주도하는 소수세력에 의해 참석하는 대중들의 진의가 왜곡되는 경향이 많다. 또한 다수의 대중이 중구난방 식으로 자신들의 의사를 표현하는 과정에서 단순한 화풀이를 넘어서 진상 규명과 대안 수립, 정책 제안 등으로 이르지 못하고 있다. 그러다 보니 집회 분위기에 따라 천박한 언사들이 나오면서 보수 자체에 대한 일반 국민들의 선입견만 나빠지는 결과를 노정했다. 필자는 아스팔트 위에서 외치는 대중들의 진정성과 애국정신을 누구보다 잘 알며 그들의 노고에 경의를 표한다. 그럼에도 요즘 같은 시기에 광장 집회는 비효율적이라고 생각한다. 확장성이 부족하다는 분명한 한계가 있다. 직접민주주의의 가치를 부정하는 것은 아니지만 효율성이 배제될 경우 직접민주주의는 중우정치(衆愚政治)로 빠질 위험성이 있다. 이것을 경계해야 한다.

이 같은 광장에서의 직접민주주의가 기승을 부리고 있는 것은 민의를 대변해야 하는 의회민주주의가 제 역할을 다하지 못하기 때문이다. 국회는 제대로 민의를 수렴, 그것을 바탕으로 정책을 수립하고 집행하지 못하고 있다. 필자는 청문회제도가 활성화되지 못한 것을 그 원인 중 하나로 보고 있다. 미국의 경우엔 의회가 청문회를 상시 개최, 다양한 사회문제에 대한 조사와 토론을 하며 정책을 제안하고 법률안을 만들어 집행함으로써 국민들의 다양한 정치적 욕구를 충족시키고 있다. 청문회에서 다양한 의견을 개진할 수 있는 미국인들은 웬만한 경우가 아니고선 힘들게 광장에 모여 실효성 없는 집회를 할 필요를 느끼지 않는다. 이젠 우리도 국회에서의 상시 청문회제도 도입을 진지하게 생각할 때가 되었다고 본다.

7

안보외교정책

국익을 위해 지혜롭게 합종연횡(合從連橫)하라

앞서 대한민국의 지정학적 위치에 따른 도전에서 살펴보았듯이 우리나라는 미국, 중국, 러시아, 일본이라는 4대 강국의 이해관계가 첨예하게 대립하는 지역에 위치해 있다. 지리적으로도 중국, 러시아, 일본에 둘러싸여 있기 때문에 민족의 생존과 번영이라는 관점에서 안보외교정책이 중요한 위치를 차지할 수밖에 없다. 특히 중국이 패권국가로 대두함으로 인해 미국과 중국 간에 신냉전 기류가 흐르고 있다. 그들의 이해관계가 직접 부딪치는 한반도에 위치하면서 이념과 체제를 달리하는 북한과 휴전상태에 있는 대한민국은 다른 어느 나라보다도 안보외교에 신경을 쓰지 않을 수 없다. 더욱이 구한말 세계적 흐름을 읽지 못함으로써 자주적 외교역량을 확보하지 못하는 바람에 외세에 국권을 빼앗긴 경험이 있는 우리로서는 외교안보의 중요성은 아무리 강조해도 지나침이 없을 것이다.

현재 대한민국의 외교안보정책과 관련해서는 보수 진영과 진보진영 간에 결정적으로 차이가 나는 두 개의 큰 흐름이 있다. 하나는 친미적인 보수주의 관점으로 이들은 전통적으로 자본주의를 기초로 한 자유시장경제질서를 중시하는 미국에 우호적이다. 따라서 미국과 연계된 일본까지 용인하면서 자유세계의 공통 이익을 중요하게 여긴다. 다른 하나는 경제적으로 한국에 큰 영향을 미치며 북한에 실질적 영향력을 지닌 중국과의 관계를 중시하는 친중적인 진보주의 관점이다. 이들은 중국을 이용해 북한과의 평화적 통일을 이루는 꿈을 꾸고 있다. 러시아는 미국과 중국에 대한 그들의 태도에 따라 우리의 태도가 결정되는 별개의 변수로 취급되고 있다.

　　어떻든 한반도를 둘러싸고 있는 4대 초강대국이 각자의 이해관계에 따라 다양한 영향력을 행사하고 있는 현실에서 대한민국은 어떤 외교정책을 펼쳐야 할 것인가. 특히 민족의 생존과 번영을 무엇보다 중요한 가치로 삼는 보수진영에서는 외교정책적으로 어떤 태도를 취해야 하는가.

먼저 고려해야 할 상황은 대한민국이 지금의 경제적 번영과 정치적 발전을 이루는 데 있어 가장 큰 영향을 미쳤고, 현재도 미치고 있는 나라가 미국이라는 점이다. 물론 과거 대한민국이 미국 중심의 연합국 도움으로 해방되고 건국되었다는 점 때문에 무조건적으로 미국의 편에 서야 한다고 말할 수는 없다. 오히려 대한민국이 과거에 도움을 받은 것에 대해 미국에 깊은 감사의 마음을 가지고 있는 것과 동시에 우리가 그동안 성장한 만큼 미국도 그에 합당한 자주독립국으로서 대한민국을 대우해달라고 정중히 요구해야 할 것이다. 또한 자주독립국으로서 대한민국은 강한 국방력 및 경제력을 바탕으로 '대한민국의 이익과 번영'이라는 관점에서 4대 강국에 대한 자주외교를 펼쳐나가야 한다.

　이는 너무나 당연한 일이지만 간과하지 말아야 할 점이 있다. 대한민국의 자유민주체제와 자유시장경제 질서가 미국으로부터 도입, 발전되었고 현재 우리가 미국이 주도하고 관리하는 국제관계에 편입되어 있는 점을 감안하면 일단 미국과의 이해관계가 더 중할 수밖에 없다는 사실이다. 일부 진보 세력들은 한국과 중국의 교역량 등을 언급하며 이미 한국의 생존과 번영에는 미국보다 중국이 더 큰 영향력을 가지고 있다고 강변한다. 하지만 중국이 전 세계의 패권국으로서 영향을 미치는 것도 그 바탕에는 미국이 주도하는 국제관계에 편입됨으로써 이뤄지는 것이라는 점을 감안한다면 단순한 통계상의 수치만으로 중국을 미국보다 더 중시해야 한다고 판단해서는 안 된다. 더욱이 지리적인 관점에서 4대 강국 가운데 그나마 미국이 물리적으로 우리나라에서 멀리 떨어져 있기에 중국,

일본, 러시아 등 인접국들에 비해 대한민국에 대한 영토적 야심이 상대적으로 적지 않나 생각한다. 독일과 러시아 등 유럽의 양대 강국에 의해 국가 분할과 소멸을 경험한 폴란드가 현재 국익적 차원에서 유럽 국가 가운데 가장 친미적인 행보를 보이고 있는 점도 과거 인접한 강대국에 의해서 당했던 쓰라린 경험을 지니고 있기 때문이다. 지정학적으로 4대 강국에 둘러싸인 대한민국도 그 중에 가장 영토적 관심이 적은 국가인 미국과 더욱 친밀한 동맹관계를 맺는 것이 현명하지 않을까 싶다.

어떻든 대한민국은 상당 기간 4대 강국 중 하나와 가장 긴밀한 우호관계를 맺을 수밖에 없다. 그렇다면 우리는 누구와 손을 맞잡아야 할까. 필자는 상대적으로 미국과의 우호관계를 긴밀하게 유지하는 것이 민족의 생존과 번영에 더 도움이 된다고 본다.

물론 이 말은 중국을 도외시하자는 주장이 아니다.

한반도에 대한 중국의 역사적·실질적 영향력이 지대하다는 점에서 대중국 안보외교정책에도 많은 공을 들여야 할 것이다. 특히 북한의 비핵화를 위해선 북한에 결정적인 영향력을 가지고 있는 중국의 역할이 중요하다. 우리는 중국으로 하여금 북한이 핵을 포기하고 남한과 공동 번영할 수 있도록 영향력을 발휘토록 함으로써 궁극적인 한반도 평화 정착에 기여할 수 있도록 해야 한다. 이를 위해서는 중국과의 관계 역시 중요하며 그들이 한반도 평화를 위한 촉진자 역할을 할 수 있도록 지속적으로 요구해야 한다.

만약 중국이 이와 같은 노력을 게을리 하여 북한이 계속해서 핵보유를 주장한다면 아마 조만간 일본 역시 핵무장에 뛰어들 것이다. 그렇게 되면 대한민국도 어쩔 수 없이 일본에 뒤이어 핵무장을 할 수밖에 없을 것이다. 그러면 그 파장은 대한민국에 그치지 않고 대만을 넘어 베트남까지 핵무장을 하는 최악의 상황에 이를 것이다. 그로 인해 안보외교적으로 가장 손해를 볼 국가는 중국이 될 것이다. 이 같은 점을 중국에 계속 주지시켜야 한다.

한편 중국이 계속해서 동아시아 지역에서 패권적 영향력을 행사하려 한다면 대한민국은 민족의 생존과 번영의 차원에서 외교적 지혜를 발휘해야 하는데, 그때 참고할 만한 것이 사마천의 사기(史記)에 나오는 '합종연횡(合從連橫)의 계책'이다.

과거 중국 전국시대의 절대강자인 진나라와 나머지 6개국인 한, 위, 조, 초, 제, 연 간의 관계 정립과 관련해 소진(蘇秦)의 합종책(合從策)과 장의(張儀)의 연횡책(連橫策)이 있었다. 합종책은 서쪽의 진나라에 대항해 나머지 여섯 나라가 종적으로 동맹을 맺어 대항하자는 주장이었다. 연횡책은 여섯 나라가 진나라와 각각 횡적으로 단독 강화를 맺고 각각 진나라를 섬겨 평화를 유지하자는 주장이었다. 물론 6개국에서는 소진의 합종책과 장의의 연횡책 가운데 어떤 것을 채택할 것인가를 놓고 치열한 대립이 있었다. 역사적으로 합종책을 택했을 때엔 나머지 6개국이 독립을 유지했지만 연횡책을 택했을 때엔 최강대국인 진나라에 의해 나머지 6개국이 모두 복속되고 말았다는 점은 패권국가인 중국과의 관계를 설정해야 하는 우리에게 시사하는 바가 크다.

다른 한편으론 '가깝고도 먼 나라'인 일본과의 관계를 어떻게 정립할 것인가도 큰 문제다. 특히 일본은 과거 제국주의 시대에 대한제국을 침략, 한반도를 식민지화한 후 제2차 세계대전의 한 축인 태평양전쟁을 일으켰다가 연합국에 패하면서 한반도에서 물러났다. 하지만 일본은 아직까지 한반도 강점 및 식민지배 기간 동안의 약탈행위 등에 대한 제대로 된 반성을 하지 않고 있다. 그들은 과거의 침략행위를 미화하는 태도를 취하고 독도 영유권을 주장하면서 우리

민족의 감정을 자극하는 행태를 보이고 있다. 그 결과 양국 간의 긴장관계는 좀처럼 해소될 기미가 보이지 않는다.

그러나 일본은 어떻든 우리나라에서 가장 가깝게 접한, 자본주의를 옹호하는 자유민주주의국가로서 미국을 중심으로 대한민국과 연결되어 공산주의를 견제하는 우호세력임에는 틀림이 없다. 또한 대한민국이 현재와 같은 경제발전을 이루는 과정에서 도움을 많이 준 국가 중 하나라는 사실도 부인하기 어렵다. 따라서 일본은 동북아 평화와 우리 민족의 생존과 번영을 위해 결코 소홀히 할 수 없는 국가다.

일본의 일부 우경화된 정치 세력들은 정략적으로 과거 식민 지배에 대한 진정어린 반성을 하지 않고 오히려 우리의 민족감정을 자극하는 행태를 보이고 있다. 그럼으로써 진정한 과거청산을 하지 못하고 양 국민들의 서로에 대한 증오심이 커져가며 미래의 동반

자적이며 건전한 관계를 설정하지 못하고 있다. 한국과 일본이 이러한 상황을 정치적으로 이용해 반일, 반한 감정을 키우는 것은 결코 바람직하지 못하다. 특히 국내에서 위안부 할머니 문제의 해결 방법을 둘러싸고 윤미향 전 대표를 비롯한 정의기억연대 지도부 등 일부 진보 세력이 국민들의 반일 감정을 일부러 조장함으로써 국론을 분열시키고 정략적 이득을 얻으려는 불순한 의도를 보인 것은 참으로 개탄할 일이다.

일본과의 관계에선 어떤 형태로든 과거사 문제를 일단락 짓고 한일 양국의 다음 세대들이 상호 교류와 이해를 바탕으로 새로운 한일관계를 정립할 수 있도록 모두가 노력해야 한다. 그러나 현실적으로 그 같은 해결이 쉽지는 않을 것으로 보인다. 양국 사이에 실타래처럼 얽혀 있는 문제가 너무나 많고 문제의 뿌리가 참으로 깊기 때문이다. 다만 여기서는 한일관계를 풀어갈 수 있는 실마리라도 찾아보고자 한다.

한일관계를 푸는 실마리 중 하나로 유태인의 독일에 대한 태도, 즉 '용서는 하되 잊지는 않는다'는 자세를 참고하고 싶다. 물론 일본은 독일처럼 과거사에 대해 진정성 있는 반성을 하지 않고 있기에 우리가 그들을 용서하는 것은 쉽지 않을 것이다. 그러나 일본인 중에는 진정으로 과거사에 대해 반성하는 사람들이 있다. 그들과의 연계가 필요하다. 그래서 일본 내에 한일 과거사 문제에 진지하게 접근하려는 우호세력들을 확산시켜야 한다. 한 가지 생각해야 할 점은 우리가 계속해서 그들에게 반성을 강요한다고 해서 그들이 진정으로 반성하게 되는 것이 아니라면 우리가 그들의 진정한 반성에 집착, 그들의 변하지 않는 태도 때문에 우리의 미래를 희생시킬 수도 없는 것 아닌가라는 것이다. 결국 문제는 우리가 일본을 능가하는 국력을 갖는 것이다. 우리의 국력이 일본을 넘어서 모든 면에서 극일(克日)을 할 수만 있다면 자연스럽게 일본인들 모두가 과거사를 반성하는 모습을 보일 것이다. 그것이 그들의 국익에 부합되기 때문이다. 다만 그들의 반성 여부와 상관없이 우리는 그들에 의해 상처 입은 우리 민족사를 잊지는 말아야 한다.

　　좀 더 현실적인 이야기를 해보자. 위안부 할머니 문제다. 점점 위안부 할머니들이 이 땅을 떠나고 계시다. 조만간 생존 위안부 할머니들이 전무한 상황이 올 것이다. 이런 상황에서 남아 있는 위안부 할머니들이 살아계시는 동안 일제의 만행에 의해 입은 피해를 금전적으로나마 보상해드리는 것은 매우 중요하다고 생각한다. 특히 현재 위안부 할머나 그 가족들이 경제적으로 유복한 상태가 아니라는 점에서 금전 지급은 그들에게 현실적인 큰 도움이 될 것이다. 다만 일본이 위안부 문제의 해결을 위해 우리나라에 건넨 '아시아 여성기금 10억 엔'을 직접 할머니들에게 나눠드리는 것은 우리의 민족감정상 용납될 수 없다. 오히려 국민적인 성금 모집을 통해 조성한 금전을 할머니들에게 나눠드려야 한다. 그리고 일본으로부터 받은 '아시아 여성기금 10억 엔'은 할머니들의 동의를 받아 문화재단을 만드는 재원으로 활용하면 좋겠다. 그런 후 재단이 '전시 여성의 성적 착취'를 주제로 한 문학·영화작품 제작을 지원하거나 그 분야와 관련된 세계적 문화예술상을 제정하고 예술제를 열면 어떨까 생각한다. '전시 여성의 성적 착취'는 전 세계적으로 주목을 받을 수 있는 휴머니즘적인 주제로 작가나 감독들이 아프리카의 인종갈등에 따른 전쟁이나 발칸반도의 소위 '인종청소'의 만행 중에 피해를 입은 여성들을 다룰 수 있다. 또한 과거 일본 제국주의자들이 벌인 만행에 의해 피해를 입은 우리나라와 같은 아시아 국가의 여성들이 자연스럽게 작품의 대상으로 떠오를 것이다. 이런 것들을 소설, 영화, 뮤지컬 등으로 작품화함으로써 다음 세대들로 하여금 과거에 사행된 역사적 만행들을 기억하도록 하고 좀 더 세련된 방법으로 만행을 저지른 자들의 반성을 요구할 수 있을 것이다.

이는 유대인들이 과거 나치의 만행을 각종 소설이나 '쉰들러리스트'와 같은 영화, '카바레'와 같은 뮤지컬 등으로 작품화함으로써 지속적으로 전 세계인들로 하여금 과거 나치가 자행했던 끔찍한 홀로코스트를 기억하게 하고 있다는 점에서 착안한 것이다.

8

통일정책

통일은 반드시 필요하다.
통일 비용보다 통일 이익이 훨씬 크다

어린 시절부터 '우리의 소원은 통일, 꿈에도 소원은 통일'이라는 노래를 수없이 불렀다. 그런데 통일정책을 논함에 있어 가장 먼저 드는 생각은 '우리는 반드시 통일을 해야만 하는가'라는 본질적인 의문이다. 사실 이는 '통일의 노래'를 목 놓아 불렀던 세대들에게는 상상할 수 없는 질문이다. 그러나 요즘 젊은 세대들을 중심으로 '굳이 비싼 비용을 들여가면서 경제적으로 큰 부담이 되는 통일을 할 필요가 있는가'라는 '통일 회의론'이 제기되고 있다. 이는 젊은 층을 넘어 세대 전체로 확산되는 모양새다. 특히 독일이 1990년 완전 통일 이후 사회적 통합을 이루는 데에 많은 시간과 비용을 들이고 사회적 갈등을 겪은 것을 목격한 세대들은 '굳이 엄청난 사회적 비용이 들고 고통을 감수해야 하는 통일을 이루는 것보다는 현재 우리의 삶을 충분히 누리고 사는 것으로 만족하면 되지 않는가'라는 생각을 하는 것 같다.

그러나 필자는 '한민족의 생존과 번영'을 최고의 가치 중 하나로 여긴다면 통일은 반드시 필요하다고 생각한다. 우선 우리와 이념 및 체제를 달리하는 조선민주주의인민공화국이 자유대한민국에 대한 적화통일을 강령으로 삼아 끊임없이 대한민국의 존재를 부정하는 것이 엄연한 현실이라는 점을 감안하면 통일은 대한민국 안보의 가장 큰 위협요인을 원천적으로 배제하는 최적의 과업이다. 따라서 한반도의 항구적 평화를 위해 통일은 반드시 필요하다. 더욱이 현재와 같이 정전체제라는 불안전한 대치국면 상태에서 남북이 각자의 생존을 위해 천문학적인 국방비를 투입하는 비경제적인 상황을 타개하기 위해서라도 통일은 절실하다. 통일이 됐을 때 남북이 투입하던 천문학적인 국방비용을 민생용으로 전용하는 것이 가능해 진다. 그 엄청난 비용을 생각하면 통일에 드는 비용보다는 통일에 의해 얻을 이익이 훨씬 클 것이다. 또한 4대

강국의 첨예한 이해관계가 충돌하는 한반도의 지정학적 상황을 고려할 때 한민족의 생존과 번영을 위해 통일된 한국은 반드시 필요하다. 한민족의 통일로 인한 독자적인 대외외교정책의 공간 확장, 통일로 늘어날 국토와 인구수, 그에 따른 경제의 대외의존도 경감 등을 생각하면 '통일은 당위'라고 말할 수 있다.

그런데 이 같은 통일의 당위성을 언급할 때 전제가 있다. 물론 이미 드러난 전제이다. 통일은 단순히 한민족이 하나 되는 물리적·지리적 의미의 통일만을 의미하지 않는다는 것이다. 단순한 물리적·지리적 의미의 통일을 넘어 '통일 대한민국 국민의 인권과 행복을 증진시키는 방향으로의 통일'만이 의미와 가치가 있다. 만약 통일로 인해 지금 자유대한민국 국민이 누리고 있는 인권과 행복이 보장되지 않고 악화된다면 어느 국민이 통일을 환영할 것인가. 누구도 그것을 원하지 않을 것이다. 따라서 우리의 모든 가치의 희생을 감수하는 인위적 통일이 되어서는 안 된다. 국민의 인권과 행복을 증진시킨다는 대전제 아래 우월한 이념과 체제를 가진 쪽으로 자연스럽게 수렴되는 통일을 지향해야 한다.

통일을 위해서는 대화와 교류, 협력이 필요하다. 그러나 현재와 같이 북한이 인민의 생존과 복지를 희생시키며 자유대한민국의 존재를 위협하고 적화통일을 위해 한정된 자원을 무리하게 투입, 핵무기와 전략무기를 개발하는 비정상적인 국가적 행태를 보이는 한 정상적인 대화와 교류, 협력은 불가능하다.

우선 북한 내부에서 한민족의 생존과 번영을 위한 통일의 당위성을 깊이 인식하는 가운데 통일의 상대방인 대한민국의 자유민주주의 정치체제와 자본주의 경제질서를 존중하는 자세를 확립한 이후에야 진정한 의미의 대화와 교류, 협력이 가능할 것이다. 즉 우리가 한반도 평화 및 통일을 위해 북한에 지출하는 비용이 우리의 생존을 위협하는 무기 개발에 전용되지 않는다는 확신이 서기까지는 남북 간의 진정한 교류와 협력은 불가능하다고 본다.

그렇다고 북한이 정상 국가로 복귀할 때까지 한반도 평화와 통일을 위한 일체의 노력을 멈추고 있을 수는 없다. 우선 향후 통일 한국의 일원이 될 북한 주민들에 대한 최소한도의 생존권 보장을 위한 인도적 차원의 교류와 지원은 필요하다. 예컨대 북한에 만연되고 있는 다제내성 결핵 환자의 치료를 위한 의약품 지원 사업이나 영유아를 위한 두유 공급 사업 등 인도적 지원은 계속되어야 할 것이다.

한편 현 정부는 남북교류와 협력의 물꼬를 트기 위해 폐쇄된 개성공단의 재개를 강력히 원하고 있는 듯하다. 경제적 관점에서 보면 남한의 자본과 북한의 인력이 결합될 수 있는 개성공단사업은 가장 현실적인 남북 간의 교류협력 사업이 될 수 있다. 그러나 현실적으로 남한이 북한에 지급하는 개성공단 근로자 인건비의 상당 액수가 남한을 위협하는 군비 증강을 위한 국방비, 특히 핵무기 및 전략무기 개발 비용으로 사용되는 한 아무리 개성공단 재개론자들이 공단 유지가 경제적 효율성이 높고 실질적인 평화적 안보환경 조성에 유용하다고 강변해도 선뜻 재가동에 동의할 수는 없다. 그래도 시험적인 개성공단 재가동을 거론하자면 무기 개발 비용으로의 전용이 비교적 쉬운 달러화로 인건비를 지급하는 대신 남한에서 생산한 쌀을 국제시세로 현물 지급하는 방안을 모색하는 것이 어떨까 생각한다. 핵무기 및 전략무기 개발에 혈안이 된 북한에 대한 국제적 제재의 공조 틀 내에서 북한 인민의 식량난 해소라는 인도적 목적을 달성할 수 있으면서도 남한의 농민들에게도 이득이 될 수 있는 방안이라고 여겨진다. 또한 과거 독일 통일 전에 서독이 동독의 반체제 인사의 석방 및 서독 이전을 위해 동독에

돈을 지불했던 일명 '자유매수(Freikauf·프라이카우프)'정책을 참조, 북한 내의 국군포로나 그 자손들의 한국 이주를 위한 경제적 보상 제도를 정책적으로 고려할 필요가 있다. 본인의 자유의지에 반해 북한에 억류되어 있는 국군포로와 그 자손들은 우리 대한민국의 국민으로 봐야 하며, 따라서 그들의 생환을 위한 노력은 자유대한민국의 책무일 것이다.

이 시점에서 현 문재인정부 출범 이후 남북정상회담이 열리던 당시 느꼈던 필자의 남북관계에 대한 단상을 회고해본다.

남북대화를 바라보며

요즘 남과 북 사이에 이뤄지는 대화를 둘러싼 분위기를 보면 마치 곧 한반도에 평화가 정착되고 통일이 이뤄질 것 같은 낙관론 일색이다. 여기에는 그동안 북한의 핵공포에 두려움을 느끼던 일반 국민들의 희망 섞인 기대심리와 더불어 현 정권에 경도된 언론의 일방적인 보도도 큰 영향을 미쳤을 것이다.

어떻든 현재 한반도의 정치안보지형을 통째로 흔들 수 있는 일이 진행되고 있는 것은 틀림없다. 남북의 평화정착과 통일은 진보와 보수를 떠나 우리 민족 모두가 관심을 가지고 성공을 위해 노력해야 할 중대 사안이다. 그런 면에서 남북정상회담은 마땅히 축하받을 일이다. 그러나 과거의 남북 간 대화의 학습경험에 미뤄 지금의 상황 전개에 마냥 환영하고 들떠 있을 수만은 없다.

우선 현재의 대한민국이 누리고 있는 기본적 인권과 자유민주주의체제를 포기하더라도 통일만 이루면 되는가? 아닐 것이다. 우리가 통일을 이루고자 하는 이유는 분명하다. 그것은 주변 강대국에 둘러싸여 민족의 생존과 번영이 늘 위협받는 상황에서 남북이 통일됨으로써 적어도 민족끼리의 전쟁 위협에서는 벗어날 수 있기 때문이며, 자유롭고 인권이 보장된 체제 아래에서 한민족 전체가 역량을 발휘, 번영을 도모함과 동시에 전 세계의 평화와 발전에 이바지할 수 있기 때문이다.

그렇다면 지금 남북대화가 이뤄지는 과정에서 우리는 북한 내 국군포로 문제, 탈북자의 인권 문제, 천안함 폭침 문제, 연평도 포격 문제 등 북한정권의 인권유린과 호전성을 반드시 집고 넘어가야 한다.

그동안 북한은 체제안보를 보장받기 위해 핵무기를 개발한다는 논리를 내세웠었다. 그렇다면 이제 북한 정권이 그동안 믿지 못했던 미국 등 강대국으로부터 체제안전을 보장받을 수 있다고 판단, 핵무기를 포기하고 인민들을 배불리 먹이기 위한 경제발전에 매진할 것인지를 예의주시해야 한다.

또한 이번 정상회담은 그동안 남한 정부가 북한의 요구조건을 들어주는 식으로는 결코 대화하지 않겠다며 과감하게 개성공단을 폐쇄, 궁지에 몰린 북한으로 하여금 대화의 장으로 나오게 함으로써 성사된 것이다. 따라서 이번에야말로 북한의 요구대로 진행되는 회담이 아니라 진정한 한반도 평화를 위한 회담이 되기를 바란다. 그날이 올 때까지 냉정히 지켜보자.

9

국방정책

이젠 국민개병제를 보수(補修)할 때다

자유대한민국에 대한 적화통일 야욕을 아직도 꿈꾸는 북한이 존재하고 4대 강국의 이해관계가 첨예하게 대립하는 지정학적 위치에 있는 우리나라는 민족의 생존과 번영을 위해 무엇보다도 안보를 최우선에 둘 수밖에 없다. 그리고 안보를 위해 동맹외교에 역점을 두면서 동시에 자주국방 구현에 힘을 써야 한다. 그런데 자주국방의 구현을 위해서는 각종 전략 및 전술무기를 개발해야 한다는 부담이 있기는 하지만 경우에 따라선 개발된 전략 및 전술무기를 해외에 판매함으로써 국민경제에 도움을 줄 수도 있다.

어떻든 자주국방을 위한 물적 자원의 확보가 중요하지만 그보다 더 중요한 것은 인적 자원의 확보와 함께 국민 전체가 강고한 자주국방 의지를 다지는 것이다. 그런데 안보를 위한 인적 자원 확보와 자주국방의 의지를 논함에 있어 살펴봐야 할 사항이 있다. 그것은 현재의 국민개병제와 남성만의 의무병제도를 유지할 것인가의 문제다. 우리나라는 분단국가로서 준전시상태에 있기 때문에 온 국민이 병역의무를 부담하는 국민개병제를 채택하고 있지만 그 국민개병제는 남성만의 의무일 뿐 여성은 대상이 아니다. 따라서 남성만의 국민개병제에 따른 해묵은 성별 간 논쟁이 지속되고 있다. 이를 해결하기 위한 한 방법으로 모병제 도입을 생각해볼 수 있다. 모든 군인을 직업군인화 하는 것이다. 그럼으로써 안보에 있어 남녀 간의 차별을 두지 않으면서 남성만의 국민개병제에 따른 불평등을 해소할 수 있다.

그러나 남북이 준전시상태로 대치하고 있는 상황에서 성급하게 모병제를 채택할 경우 국민들의 안보의식이 해이해질 우려가 있다. 따라서 적어도 남북이 통일되기 전에는 모병제 도입을 찬성하기 어렵다고 본다. 남북이 통일된 후 전쟁의 위험이 상당 부분 감소되더라도 여전히 4대 강국의 이해관계가 첨예하게 대립할 것이 분명한 한반도를 둘러싼 지정학적 안보 위험을 감안, 모병제를 도입하더라도 일반 국민이 의무적으로 일정 기간 군사훈련을 받은 다음에 예비군 형태로 국방의 의무를 행해 나가야 한다고 생각한다.

한편 현재 의무병으로 복무하면서 국가를 위해 청춘을 희생하고 있는 일반병들에게 월급 인상과 같은 금전적인 보상을 해주는 것도 중요하지만, 그것보다는 그들에 대한 예우차원에서라도 일반 공무원 임용 시 가산점을 부여하는 제도를 부활할 필요가 있다. 물론 이 같은 가산점제 부활에 대해선 여성계의 반발이 심할 것으로 여겨진다. 그러나 그 문제를 해결하기 위한 방안으로 여성들이 군사훈련을 받고 단기간 일반병으로 군복무를 하는 일반의무병지원제도를 만들어 일반 공무원 임용 시 가산점을 받고 싶은 여성이 지원할 수 있게 하는 것을 제안하고 싶다.

왜 여성들을 위한 일반의무병지원제도가 필요한지

에 대해 졸저《이제, 바를 正을 만날 시간》에서 밝혔던 내용을 적어본다.

첫째, 남성 의무병에 대한 가산점 부여가 불러올 수 있는 여성과의 차별에 따른 불평등 주장을 대폭 완화시킬 수 있을 것이다.

둘째, 지금까지 관념적으로 국방은 남성이나 소수의 여성 직업군인에게만 해당이 된다고 생각해 온 젊은 여성들의 안보관에 변화를 줄 수 있을 것이다.

셋째, 군복무를 통해 유사시를 대비한 훈련을 가장 체계적으로 받은 젊은이들을 공무원에 임용함으로써 유사시에 보다 체계적이고 효율적인 행정업무의 제공이 가능할 것이다.

10

교육제도

교육제도,
특히 교육감 선거제도를 보수(補修)하자

소위 '조국사태'를 보면서 인간의 본능적인 욕망을 본다. 사회적으로 부와 명예를 가진 자들이 마지막 단계에서 이루고자 하는 욕망은 무엇일까. 아마 자신이 가진 부와 명예를 직계 후손들에게 물려주는 것이 아닐까 싶다. 특히 전문직에 종사하는 자들은 자신의 부와 명예의 원천인 전문 직업을 자녀들에게 물려주고 싶어 할 것이다. 다행히 자식들이 능력을 가지고 있어 사회적으로 용인되는 방법을 통해 전문직에 종사하는 경우에는 부러움의 대상이 될 수는 있어도 비난의 대상은 되지 않는다. 그러나 일부 사회지도층들은 자녀들의 부족한 능력을 자신들의 인적 네트워크를 통해 부당한 방법으로 보완하려고 온갖 노력을 기울이며 사회적 지탄을 받고 있다.

어떻든 이른바 '있는 자'들은 값비싼 사교육을 시켜서라도 자식들에게 자신이 지닌 부와 명예를 물려주기 위해 애를 쓰고 있다. 문제는 '없는 자'의 자식들이 받는 상대적 박탈감이다. 이를 해소하기 위해 '있는 자'의 자녀들에 대한 투자를 원천적으로 막을 수도 없다. 오히려 '없는 자'의 자녀들이 당당하게 경쟁할 수 있는 환경을 조성해주는 것이 보다 현실적일 수 있다.

그 방법의 하나로 기숙형 공립학교의 설립을 생각해 볼 수 있다. '있는 자'들이 비싼 비용을 들여가면서 기숙 자립형 사립학교나 특수목적고에 자녀들을 들여보내려고 애를 쓰는 것을 용인하되, 국가나 지방자치단체는 기숙형 공립학교를 설립, 능력 있는 '없는 자' 자녀를 부모를 대신해 뒷받침해주는 것이다. 다만 이를 위해서는 그런 학교에 대한 국가나 지방자치단체의 금전적 보조도 중요하지만 해당 학교 교원들이 밤늦게까지 남아 학생들을 지도하는 등 자기희생을 기꺼이 해야 한다.

한편 인적 자원 이외에는 성장을 위한 뚜렷한 자원이 없는 우리나라는 결국 지적 능력이 우수한 인재를 양성하기 위한 수월성(秀越性) 교육을 포기할 수 없다고 본다. 따라서 작금의 진보교육이 주장하는 '보편성 교육'이 아닌 '수월성 교육'을 위해 특수목적고나 자립형 사립고를 계속해서 유지해야 할 것이다. 다만 이러한 학교의 입학과정을 좀 더 객관화 및 투명화해서 특혜시비를 원천적으로 봉쇄, '없는 자' 자녀들도 그 혜택을 누릴 수 있도록 입학전형이나 장학전형에서 배려를 해줘야 한다.

또 하나 정책적으로 생각해볼 필요가 있는 것으로 인성(人性) 위주의 학교를 설립하는 방안이다. 세상을 이끌 지도자의 덕목으로 지적 능력보다는 인성이 더 중요함을 경험적으로 느낀다면 지적 능력에 의해 선발된 학생들로 구성된 학교가 아니라 인성에 의해 추천된 학생들로 구성된 학교를 설립, 운영하는 것을 적극 검토해야 한다. 그 방법의 하나로 각 지역의 중학교마다 교장 선생님의 추천을 받아 2명씩 인성이 좋은 학생을 선발, 그들이 들어갈 고등학교를 설립해 인성 위주의 교육을 중점적으로 시키는 것을 생각해볼 수 있다. 이와 같은 학교를 설립, 운영함으로써 중학교 교장들에게 '학생 추천권'이라는 사회적 권위를 부여할 수 있고 인성 위주의 교육으로 지금 시대에 꼭 필요한 미래 지도자를 양성할 수 있을 것이다.

대한민국의 교육제도를 논함에 있어 현재의 교육감 선거제도를 거론하지 않을 수 없다. 현재의 교육감 선거제도에는 몇 가지 치명적인 결함이 있다. 우선 유권자들에게 정확한 정보가 전달되지 않은 상태에서 선거가 치러지는 것이 우리 교육감 선거제도의 현실이다. 교육공무원인 교육감 선거에서 정치적 중립을 지향한다는 미명 아래 번호가 부여되지 않고 순서를 달리해 후보자의 이름만 기재된 투표용지가 유권자에게 제공된다. 그러니 평소 교육감에 대해 별 관심이 없는 유권자의 입장에서는 기계적으로 자신이 지지하는 정당 순서대로 이름이 나온 것으로 판단, 각자가 선호하는 칸에 나온 사람이 그 정당의 성향을 가진 사람이라고 믿고 그에게 귀중한 표를 준다. 그렇게 되면 후보자에 대한 정보나 이해를 가지고 있는 소수의 사람들을 제외한 유권자의 표는 출마한 사람 수로 나눈 만큼 돌아간다. 적어도 한 선거구에 5명 이상 출마하지 않는 한 거의 각 후보가 15% 이상의 표를 득표하게 되어 선거비용을 보전 받을 수 있게 된다.

그런 제도 아래에서 많은 교육감 후보는 평균적으로 나눠 가지는 표에 상대 후보자들보다 조금 더 조직화된 표를 얹을 수 있다면 교육감이 될 수 있다는 몽상을 하게 된다. 더 나아가 그 몽상은 같은 정치적 성향을 지닌 후보들끼리 적당히 뒷거래를 하는 행태로 이어진다. '이번에 당신이 가진 조직의 표를 나에게 몰

아줘 내가 교육감으로 당선되면 당신에게 적당한 이권을 주겠다'는 식의 은밀한 제안이 오간다. 그 제안을 연결하고 성사시키는 선거 거간꾼도 생긴다. 아니 더 노골적으로 특정 정치를 지향하는 사회단체에서는 '교육감 후보 단일화'라는 미명 아래 같은 정치적 성향을 가진 후보들에게 자신들이 설정한 방식에 의한 단일화 참여를 강요한다. 어느 후보자가 이에 불복하면 지지를 철회하겠다고 겁박하는 등 사실상 후보 단일화에 막강한 영향을 미친다. 그러면서 향후 단일화 된 후보가 교육감이 되었을 경우, 인사와 이권에 자신들의 영향력을 행사하려 한다. 이는 비단 진보적 성향의 교육단체뿐 아니라 보수적 성향의 교육단체도 마찬가지다. 다만 진보가 보다 효율적이고 실효성 있게 후보 단일화를 이룰 뿐이다. 상식적으로 생각해도 문제가 많은 선거제도가 아닌가? 소수의 정보와 관심 및 이해를 가진 유권자들이 좌지우지하는 선거제도가 과연 옳은 것인가?

　교육의 정치적 중립은 우리 자유대한민국이 지켜야 할 귀중한 가치 중 하나이다. 그런데 실제로 '교육에서 정치적 중립이 과연 이상대로 실현 가능한가'라는 의문이 든다. 우리가 경험으로 잘 알고 있듯이 이미 교육계도 세상의 영향을 받아 진보와 보수로 양분되어 있다. 그래서 교육감에 입후보하는 후보들은 어떤 형태로든 자신이 어떤 성향의 가치관을 가지고 있는지 드러내려고 한다. 물론 선거에서 불리한 부분이라고 판단되는 경우에는 이를 감추고 유권자에게는 자신이 유리한 정보만을 제공하려 한다. 세상의 정치는 진보와 보수로 양분되어 유권자가 비교적 쉽게 후보자들의 성향을 알 수 있지만, 교육감 선거에서는 유권자가 후보자들의 성향을 제대로 알 수 있는 방법이 없다.

　국회의원 선거 등 각종 선거에서는 후보자가 특정

정당의 공천을 통해 입후보할 경우엔 그 특정 정당 소속임을 알려주는 번호를 배당받는다. 유권자는 그 번호를 통해 후보자의 정치적 성향을 파악할 수 있다. 이에 비해 교육감 선거에서는 후보자에게 배당된 번호가 없다. 그야말로 유권자들의 알권리가 철저히 침해되는 '깜깜이 선거'를 치를 수밖에 없다. 이런 깜깜히 선거로 재미를 본 후보들은 현행 교육감 선거제도에 찬성하겠지만 '눈 가리고 투표한 식'으로 권리를 행사한 유권자들은 도대체 왜 이런 한심한 선거제도가 있는지 이해할 수 없을 것이다.

현행 교육감 선거는 대상 유권자가 광역자치단체장 선거의 유권자와 동일하다. 광역자치단체장에 출마하는 후보자는 정당의 조직적 도움을 받을 수 있지만 교육감 후보자는 이론상 혼자서 큰 선거를 치러야 한다. 후보자로서는 큰 부담이 아닐 수 없다. 그런 부담이 있기에 조직을 만들고 선거비용을 마련하기 위해 특정 단체에 자신이 교육감에 당선될 경우에 이권을 주겠다고 약속할 가능성이 높다. 유독 교육감 선거에서 당선된 교육감이 독직사건에 연루되는 경향이 높은 이유가 여기에 있다.

더욱이 같은 지역구의 자치단체장과 정치적 성향이 비슷한 교육감이 선출되면 그 지역의 교육정책에는 별 혼선이 없겠지만, 만약 자치단체장과 정치적 성향이 다른 교육감이 선출되면 교육정책에 일대 혼란이 초래될 수 있으며 그 피해는 고스란히 유권자와 교육 소비자에게 돌아가게 된다.

그렇다면 어떻게 해야 하는가. 필자는 허울뿐인 '교육의 정치적 중립'을 내려놓고 교육감 출마자와 광역자치단체장 간의 러닝메이트제를 도입할 것을 제안한다. 물론 러닝메이트제의 도입에 따라 '교육의 정치 예속'이라는 문제가 발생할 여지가 있기는 하다. 그러나 그런 제도를 도입하면 유권자에게 교육감 후보의 정치적 성향과 관련 정보를 정확히 제공할 수 있고 광역자치단체장이 교육감 후보자 러닝메이트를 지명하는 과정에서 후보의 난립을 막을 수 있다. 또한 교육감 선거를 광역자치단체장 선거와 연계함으로써 선거비용 등의 낭비도 줄일 수 있다. 무엇보다도 광역자치단체장과 교육감 간의 상이한 교육이념에 따른 교육정책 혼선을 방지할 수 있는 이점이 있다.

11

원전정책

원전이 필요한 4가지 결정적 이유를 생각하라

문재인정부가 들어서면서 가장 논란이 된 정책 중 하나가 '탈원전(脫原電) 정책'일 것이다. 원자력은 야누스적인 이중성을 갖고 있다. 인류에게 저렴하면서도 청정한 에너지를 공급하는 장점이 있는 반면에 핵폐기물이라는 치명적 부산물을 생성한다. 원자력으로 인한 유익이 크지만 통제를 제대로 하지 못할 경우엔 자연환경을 파괴하는 등 인류의 생존을 위협하는 커다란 재앙이 될 수 있다. 일설에 의하면 문 대통령이 핵 재난을 주제로 한 '판도라'라는 영화 한 편을 보고 핵 발전을 포기하고 태양광 등 청정에너지 생산을 장려하는 것으로 에너지 정책을 전환키로 마음을 먹었다고 한다. 필자는 그 설이 일국의 중차대한 에너지 정책을 변환하는 계기치고는 너무나 순진한 것 같아 믿고 싶지 않다.

어떻든 원자력 발전은 기본적으로 핵 사고를 유발할 수 있는 원자력을 기반으로 한 에너지사업이라는 점에서 주의가 필요하다. 원자력발전소의 부산물인 핵폐기물의 보관관리상 어려움과 원전을 운영하는 과정에서 통제할 수 없는 대형 핵 누출 사고에 대한 공포로 인해 전 세계적으로 존치 여부에 관한 논란이 있어 왔다. 미국의 쓰리마일 핵발전소, 구소련 시대 우크라이나 체르노빌 핵발전소 및 일본의 후쿠시마 핵발전소의 대형 핵 누출 사고를 목격하면서 인류는 원자력 사고의 위험에서 벗어나기 위해 원전 포기를 심각히 고민해왔다. 그러나 결국 원자력 발전은 비교적 저렴한 비용으로 전력을 생산할 수 있고 대기에 오염물질을 배출하지 않는다는 장점이 다시 부각되면서 많은 원전 포기 국가들이 다시 원전을 건설하거나 운영하는 방향으로 정책을 전환하고 있다.

또한 현실적으로 중국이 황해 해안에 100여 기의 핵발전소를 건설하겠다고 공언하는 마당에 편서풍으로 인해 기상학적으로 중국의 영향을 가장 많이 받는 국가 중 하나인 우리나라가 자국의 원자력 발전 사고를 우려한 나머지 원전을 폐기한다고 해서 안전할 수 있을지 의문이다. 한국의 원전이 사고가 날 수 있다면 중국의 황해 연안의 100여 기의 원전도 사고가 날 수 있다. 두 사고가 모두 우리에게 치명적이다. 물론 중국도 심각한 타격을 입는다. 그럼에도 불구하고 중국을 비롯한 각국이 원전을 건설하려는 이유는 앞서 말한 바와 같이 상대적으로 안전성이 높고 경제적이며 환경 친화적이기 때문이다. 사실 안전만을 걱정한다면 우리 주변에서 진행할 수 있는 일이 얼마나 있겠는가. 어떤 일을 추진함에 있어 잠재적인 불안전성이 있더라도 굳이 일을 진행하는 것은 최대한 안전을 담보하며 성사시키는 것이 상대적으로 더 큰 유익을 주기 때문일 것이다.

아무튼 다른 나라가 원전에 대해 어떤 태도를 취하고 있는지도 중요하겠지만 결국 우리의 입장에서 원전이 가지고 있는 장단점을 비교, 필요성에 따라 결정해야 할 것이다. 필자는 위에서 제기된 여러 측면을 종합해서 원전 건설이 필요한 이유를 몇 가지 거론하고자 한다. 정책결정자들이 이런 점을 감안해서 원전 문제를 결정해 주기를 바란다.

첫째, 원전은 비교적 저렴한 가격으로 전력생산이 가능하다는 장점을 간과할 수 없으며 간과해서도 안 된다. 물론 원전을 운영하는 과정에서 필연적으로 생성되는 핵폐기물의 관리에 따른 지역갈등과 비용 그리고 수명을 다한 원전을 폐기하는 데 드는 처리비용 등을 감안하면 반드시 생산단가가 저렴하다고 볼 수 없다는 반론이 있을 수 있다. 그러나 현재 여러 전문기관의 원가분석에 따르면 다른 어떤 에너지원보다는 원전을 통한 전력 확보가 비용적 측면에서 가장 저렴하다. 값싸고 품질이 우수한 전력의 생산은 국가경쟁력을 제고하는 중요한 요인이 된다는 것은 자명한 사실이다.

둘째, 원자력의 원료격인 방사능물질은 그나마 우리나라가 자급자족할 수 있는 몇 안 되는 천연자원이다. 그러므로 거의 모든 에너지원을 수입에 의존하는 우리나라 입장에선 에너지 안보 차원에서 보더라도 원전의 가치는 높다고 할 수 있다.

셋째, 우리나라가 갖고 있는 세계적으로 공인된 원전기술에 기반한 산업적 측면을 고려해봐야 할 것이다. 원자력 발전은 본질적으로 위험성을 수반한다. 우리는 이것을 역으로 이용할 수 있다. 안전한 원전 건설 및 운영 능력에 관해 국제적으로 공인을 받고 있는 우리나라는 이를 바탕으로 각국에 원전을 수출할 수 있다. 실제로 막대한 수입을 가져오는 원전 수출은 가시적으로 진행되고 있다. 이를 통한 국민경제의 발전도 무시할 수 없다. 그런데 자국에서는 원전의 위험성을 강조하며 폐기수순을 밟으면서 대외석으로는 기술의 안전성을 내세우며 수출을 추진한다는 것은 모순으로 비쳐질 수밖에 없다. 물론 원전폐기에 따른 새로운 기술의 개발과 그에 따른 새로운 산업의 발전 가능성도 무시할 수 없으나 굳이 원전폐기 기술의 개발과 그 산업성을 고려해 높은 수준의 원전 기술을 일부러 사장시킬 필요는 없다고 본다.

넷째, 국가안보적 차원에서 핵물질처리 기술을 보유할 필요가 있다. 앞서 살핀 에너지 안보 차원에서의 원전 필요성과는 다소 차원이 다른 문제이지만 중국, 러시아, 일본 등 강대국에 둘러싸여 있는 우리나라의 지정학적 입장에서 유사시의 핵무장 가능성을 고려하지 않을 수 없다. 특히 북한이 현재 사실상의 핵무기 보유국으로 행세하는 상황에서 북한과의 비핵화 정책이 실패로 끝나면 일본이 안보상의 위협을 느끼며 핵무장을 할 수 있다. 그런 순간이 닥치면 우리도 자위적 차원에서 핵무장을 심각하게 고려해보지 않을 수 없게 될 것이다.

과거 이스라엘은 적대적인 중동 국가들로부터 자국을 지키기 위해 프랑스로부터 핵 발전 기술을 전수받아 사실상의 핵무기 보유국이 되었다. 그런 다음 그들이 국제사회에 던진 말이 의미심장하다. "이스라엘이 먼저 핵을 쓰는 일은 없을 것이다." 우리도 언젠가는 이스라엘처럼 되지 않으리라는 보장이 없다. 따라서 그런 유시시의 사태를 대비해서라도 원전 기술을 사장시킬 수 없다고 본다.

12

인구 유지 및 증가를
위한 정책적 배려

인구 감소를 막기 위한 담대한 정책이 필요하다

경제발전에 따른 인간 수명의 연장과 고령화 그리고 혼인 및 출산 기피 등으로 인해 대한민국의 인구가 감소하고 청년이 차지하는 비중이 줄어들면서 여러 가지 사회문제가 발생하고 있다. 특히 대한민국과 같이 인구대국인 중국, 러시아, 일본 등과 인접해 있는 국가에서는 어느 정도 국가경쟁력을 지탱해주고 내수시장을 뒷받침해줄 수 있는 적정 규모의 인구를 유지하는 것이 민족의 생존과 번영을 위해 반드시 필요하다.

이를 위한 가장 이상적인 해결책 중 하나는 남북이 통일되어 인구수를 늘리는 방법이 있지만 현재의 남북대치 상황을 보면 가까운 장래가 일어날 수 있는 일은 아니라고 보인다. 결국 그나마 현실적으로 생각할 수 있는 방법은 출산을 장려해 인구수를 유지하거나 늘리는 방법밖에 없다. 그러나 수십 년 동안 각종 출산장려정책을 쓰고 천문학적인 예산을 지출했음에도 출생률은 날이 갈수록 줄어들고 있다.

그렇다면 인구 감소 문제를 해결하기 위해선 어떤 방법이 있으며 특히 보수주의자들은 어떤 정책을 추구해야 할 것인가.

우선 출산으로 인한 여성의 사회적 경력 단절이 국가를 위한 희생이라 여긴다면 국가는 그 희생에 따른 보상을 해줘야 한다. 그 보상으로 생각할 수 있는 것이 일반 공무원 채용 시 출생 자녀수에 따른 가산점의 지급이다. 특히 여성들이 출산과 보육에 따른 경제적 어려움을 크게 걱정하지 않는 직업으로 공무원을 선호하고 있는 현실에서 다자녀 출산 여성들에게 일반 공무원 자리를 적정하게 배려하는 것을 생각해 볼 필요가 있다. 물론 공무원 승진에 있어서도 자녀를 출산하고 양육하느라 희생한 여성 공무원들을 배려해야 할 것이다.

그리고 다자녀를 양육하는 여성들이 양육기간 중 주거문제를 고민하지 않도록 다자녀가 성인이 될 때까지 국가에서 적정 면적의 장기임대주택을 마련해줘야 한다고 본다.

더 나아가 유아기의 자녀들을 키우는 데 경제적 어려움이 없도록 미성년자의 수를 기준으로 일정액의 국가보조금을 계속 지급해야 할 것이다. 이와 같이 어린 자녀들을 기준으로 국가보조금이 지급되면 미혼모문제 해결, 입양의 활성화, 시설보호아동에 대한 충실한 보육이 이루어질 것이다. 또한 만일 그 국가보조금이 아동양육을 보조하는 조부모들에게로도 실질적으로 이전된다면 노인빈곤 문제도 어느 정도 해결될 수 있다고 본다. 이 같이 국가의 미래를 위해 인구수 유지 및 증가를 목적으로 국가보조금을 지급하는 것에 대해 포퓰리즘이라고 시비 거는 사람은 없을 것이다.

한편 부족한 노동력 확보를 위한 해외노동자 취업 정책도 검토가 필요하다. 단기 취업비자를 통해 단속적인 노동수요의 충족을 이루는 지금의 정책을 넘어 장기 체류를 통해 안정된 생활환경을 조성함으로써 양질의 숙련된 노동력을 확보하고 지한파를 양성하는 새로운 차원의 외국인노동정책의 도입을 생각해볼 필요가 있다.

13

전문가와 그 권위를
중시하는 사회

사회의 존경을 받는 전문가 집단의 출현을 기대한다

우리나라가 해방 당시 세계 최빈국에서 지금의 선진국에 진입하는 자유대한민국을 건설할 수 있었던 요인 중의 하나로 지속적인 전문 인력 양성 노력과 전문가 집단에 의한 국정운영을 들 수 있을 것이다.

제2차 세계대전 종전 이후 미국은 이른바 미네소타 프로젝트라는 계획 아래 전 세계 신흥국가의 사회경제발전을 위해 그들 국가의 엘리트들을 선발, 미국의 각 대학에서 교육시킨 후 본국에 돌려보내 공헌토록 독려했다. 그런데 그렇게 선발된 수많은 국가의 엘리트들이 학업 후에도 계속 미국에 남아 개인적인 영달에 만족했지만 한국인 유학생들은 자신들이 배운 학문을 갖고 귀국, 한국 사회 및 경제발전에 공헌했다. 우리가 이룬 '한강의 기적' 밑바탕에는 개인의 영달보다는 대한민국의 발전을 위해 헌신한 그들의 공로가 있음을 깨달아야 할 것이다.

지금 코로나19에 잘 대처함으로써 세계적으로 주

목받고 있는 한국의 방역 작업에는 성숙한 시민의식과 잘 정비된 의료 시스템이 주요한 역할을 했지만 그에 못지않게 잘 훈련되고 사명감을 지닌 전문가 집단인 의료진이 큰 역할을 했다.

이 같이 우리나라가 현재 수준의 자유와 번영을 누리는 데 전문가 집단의 공헌이 지대함에도 불구하고 최근 지나치게 '집단 이기주의'를 표출한다며 전문가 집단을 비난하는 목소리가 적지 않다. 이 역시 사회 및 경제발전에 따른 양극화의 한 현상이 아닌가 생각한다. 전문가 집단이 대한민국의 발전에 영향을 끼친 것은 인정하지만 그들이 공헌에 따른 발전의 결과를 독식해왔다고 느끼는 소외계층들은 극단적으로 전문가 집단의 해체까지 주장하고 있다.

그러나 현대와 같이 복잡다기한 시대에서 경제나 사회의 발전에 따라 발생하는 수많은 문제를 해결하기 위해서는 전문가 집단의 출현이 불가피하다. 이런 상황에서 전문가 집단의 출현을 무조건 백안시할 수만은 없다. 오히려 전문가 집단이 집단이기주의에서 벗어나 사회나 경제발전에 올바르게 이바지 할 수 있도록, 즉 그들이 우리 사회에서 올바른 권위를 부여받을 수 있도록 사회적 분위기를 조성할 필요가 있다. 이는 사회의 정당한 권위를 중시하는 보수주의 입장에서 당연히 모색해야 할 사항이다.

그렇다면 어떤 방법으로 전문가 집단이 올바른 권위를 형성해 갈 수 있을까. 우선 전문가 집단에 속한 구성원들은 올바른 권위란 밖에서 주어지는 인위적인 것이 아니라 스스로 내부에서 형성해 축척해내는 것이라는 점을 인식할 필요가 있다. 즉 어떤 집단이 올바른 권위가 있다고 평가받기 위해서는 그 집단 구성원들이 내부적으로 엄격한 윤리적 기반 위에서 집단의 존재 목적에 부합하는 역할을 충실히 수행한다는 소리를 사회 구성원으로부터 들을 수 있어야 한다.

예컨대 변호사 단체의 의사결정이 사회적 권위가 있다고 평가받기 위해서는 이해관계 당사자가 수긍할 수 있어야 하고, 그 결정이 사회 구성원들로부터도 인정받을 수 있어야 한다. 그래야 그 권위가 살아날 수 있다. 단지 제도나 규정으로 강제되는 현실적인 힘이 있다는 것만으로는 권위를 획득할 수 없다는 말이다.

따라서 권위를 얻기 위해선 우선 전문가 집단의 구성원을 윤리적으로 규율할 수 있는 엄격한 내부통제 장치가 필요하다고 본다. 즉 비위를 저지르는 구성원들을 자체 정화할 수 있는 감찰기능을 갖춘 제도적 장치가 요구된다. 그리고 자신의 전문지식을 악용하여 사익을 추구함으로써 개인적 법익 침해를 넘어 사회적 법익 침해를 초래하는 이른바 '화이트컬러 크라임'에 대해선 단호하고도 엄격한 징벌을 가하는 법적 시스템을 구비해야 한다.

만약 변호사가 재판을 빌미로 의뢰인이나 이해관

계인으로부터 적정선을 넘어서는 금전을 요구, 수수하는 등 그 직무의 공공성에 부적절한 면이 있다면 변호사 단체의 내부적 감찰기능에 의해 해당 변호사를 그 직무영역에서 배제하거나 징계할 수 있는 제도적 장치가 필요하다. 더 나아가 변호사가 개인의 이익을 위해 직업윤리를 저버리고 의뢰인의 범행에 적극 가담하여 범죄수익을 향유하는 경우에는 일반인이 가담하는 경우보다 더 엄격한 형벌로 다스려야 할 것이다. 이런 내부적 자기통제와 엄격한 외부적 감시 아래 변호사가 변호사윤리규정을 준수하고 스스로에게 주어진 인권보장의 책무를 올바르게 수행한다면 변호사회의 권위는 외부의 법률에 의해 강제되지 않아도 자연스럽게 형성될 것이다. 그러면 법원 앞에 나부끼는 특정 변호사를 처벌해달라는 수많은 플래카드와 1인 시위 모습은 당연히 사라질 것이다.

이런 권위 생성의 메커니즘은 일반 사회의 전문가

단체나 시민단체를 넘어 공적기관의 권위 생성에도 똑같이 작동할 것이다. 결국 어떤 단체건 사회적 권위를 얻기 위해선 내부의 윤리 규범적 자율통제와 외부의 엄격한 감시 및 직업 목적에 부합하는 충실한 업무 수행이 요구된다고 할 수 있다.

14

국민을 위한 공직사회를
만들 수 있는 방안

오직 국민만 바라보는 공복(公僕)을 기대한다

필자가 처음 법관에 임용돼 근무할 당시 한 법원장이 해주신 말씀이 있는데 분명한 문헌적 근거가 있는지는 모르겠다. 그분 말씀에 의하면 박정희 대통령은 집권 직후, 학자들에게 대한민국에 만연했던 공무원의 부정부패를 일소하기 위한 방안을 연구하라고 했다. 그러나 박 대통령은 학자들의 보고를 받고 끝내 공무원의 부정부패 일소는 불가능하다고 판단하며 그 작업을 포기했다고 한다. 왜 그랬을까.

과거 무신정권에 기반을 둔 조선의 태조 이성계의 가장 큰 고민거리 중 하나는 이른바 고려 말부터 형성된 성리학을 바탕으로 한 유생(儒生)조직 즉, 사대부(士大夫)라는 지식계급들의 장악이었다고 한다. 이성계로서는 고려 말 정권교체기에 두문동에 거주하는 유생들이 보인 '두문불출(杜門不出)'식의 항거나 정몽주가 선죽교에서 죽음을 불사하며 보인 충절의 모습을 보며 어떻게 하면 소위 '지식인 계층'을 장악할 수 있는지가 고민되었을 것이다. 5·16군사혁명으로 정권을 잡은 박정희 대통령도 마찬가지 고민을 했을 것이다. 어떻든 이성계가 그 당시 생각해낸 것은 유생들을 관료화하면서 생활에 필요한 녹봉을 실제 필요한 녹봉의 80%만 지급하는 대책이었다. 물론 100%의 녹봉이 있어야 정상적인 공직생활을 할 수 있는 관료들에게 80%만 지급했으니 몇몇 청백리를 제외하고는 대부분의 관료들이 나머지 20%를 부정한 방법으로 조달했다. 왕은 그 같은 행위를 평소에는 묵인해주다가 관료들의 기강을 잡을 필요가 있으면 사정기관을 통해 아무 관료나 잡아와 나머지 20%를 부정하게 조달한 것을 이유로 처벌했다. 따라서 구조적으로 부정을 저지를 수밖에 없는 상황을 만들어놓고 그 부정을 빌미로 충성을 강요한 것이다. 그런 세월이 조선 500년간 뿌리를 내렸다. 그런상황에 신생국가나 다름없던 대한민국 초기에 공무원들에게 충분한 대우를

해줄 수 없다고 판단, 박정희 대통령은 유구한 역사에 뿌리를 둔 공무원의 부정부패 일소를 혁명공약사항으로 내걸었지만 실제로는 실천을 포기했다는 것이다.

이 같은 사례에서 볼 수 있듯이 공무원이 국민에게 충성하게 하기 위해선 우선 그들이 정상적인 생활을 할 수 있도록 경제적·물질적 보상을 해주어야 한다. 그리고 더 나아가 그들로 하여금 창의성을 바탕으로 성과 있는 직무수행을 하게 하려면 그에 따른 어느 정도의 보상은 해주어야 한다. 예컨대 대기업에 가면 100을 받을 수 있는 능력의 보유자를 공무원으로 임용, 국민에게 봉사하게 하면서 적어도 80은 주어야 최소한의 품위 있고 정상적인 공무원 생활을 할 수 있다면 비록 100은 주지 못하더라도 80은 반드시 보장해주어야 할 것이다. 만약 그 보상이 80에 미치지 못한다면 분명 그는 80, 아니 100 이상을 채우기 위해 부정한 유혹에 손을 뻗치게 될 가능성이 높다.

이런 인간의 본능을 간파해 공무원의 부정부패를 일소하며 가장 효율적인 공무원제도를 구축한 아시아 국가는 싱가포르밖에 없다고 생각한다. 비록 국력면에서는 일본이 아시아 최고 국가로 평가받을 수 있을지 몰라도 일본 최고 엘리트들이 들어간다는 대장성 출신 공무원의 비리가 종종 신문지상에 나오는 것을 보면 공무원의 청렴도에서는 싱가포르를 따라갈 수 없다고 본다. 세계 2위의 국력을 자랑하는 중국은 더 말할 것도 없다. 공산당 간부들이 박봉에도 불구하고 투철한 애민정신에 의거, 인민과 국가를 위해 헌신한다는 중국 정부의 이야기를 그대로 믿을 사람은 없을 것이다.

다만 공무원에게 물질적 보상만 충분히 한다고 해서 공무원이 철저히 국민을 위한 공직수행을 한다고는 볼 수 없다. 공무를 수행하는 가운데 자율성을 보장하기 위해 그들에게 충분한 권한을 부여해야 한다. 물론 그 자율성의 이면에는 정책수행 과정에서의 책임의식도 수반되어야 한다.

무엇보다도 국민이 아닌 정권에 충성하기 위해 권한을 남용한 공직자에 대해서는 엄격한 사후평가 및 그에 따른 제재가 필요하다. 물론 직무수행 기간 중 감찰기능이 제대로 발휘된다면 정권에 충성하려 국민을 배반하는 공무원을 제거할 수 있을 것이다. 그러나 사정기관의 기능이 제대로 작동되지 않는 상황에서는 권력의 속성상 최고 국정책임자에게 충성하는 공무원을 제대로 사정한다는 것은 현실적으로 불가능하다고 본다. 그보다는 오히려 정권 이양기에 과거 정권만을 위한 정책을 수행한 핵심 책임자를 가려내어 법적 판단을 통해 처벌함으로써 공무원들에게 '정권이 아닌 국민만을 바라보는' 공직생활만이 자신들의 신분을 보장하는 가상 확실한 안전수단이라는 사실을 인식시키는 것이 현실적이다.

마무리 글

다시
국민교육헌장을
들여다본다

필자는 2020년 4·15총선을 보고 보수의 위기를 느끼며 그동안 대한민국의 보수에 대해 가지고 있던 생각을 정리한 일련의 글을 SNS에 올려보았다. 글의 주제는 이런 것들이다.

*우리나라는 지정학적으로 국민들이 편하게 먹고 살 수 있는 환경을 갖고 있지 않다.

*그렇기 때문에 민족의 생존과 번영을 위해 국민들이 편안함을 지향하기보다는 어느 정도 희생을 감수하면서라도 힘든 환경을 극복하는 노력을 해야 한다.

*분배도 중요하지만 그 분배를 가능하게 하기 위한 성장이 더 우선되어야 하기에 자유와 경쟁을 중시하고 개인의 창의적인 생각을 존중하는 사회·문화·경제·교육 정책을 추구할 수밖에 없다.

*따라서 당연히 대한민국 발전의 한 축을 담낭했

던 보수 세력은 과거의 가치관을 되돌아보고 새로운 가치관을 정립해 본연의 역할을 수행하기 위한 재출발을 해야 한다.

반응은 뜨거웠다. 많은 격려와 지지 댓글이 달렸고 새로운 시각의 글도 올라왔다. 물론 필자의 글에 반박하는 글도 다수 볼 수 있었다. 서문에서 언급했듯이 보수의 재건이라는 화두를 꺼내고 논의를 통해 집단 지성의 힘을 이끌고자 했던 필자의 의도가 어느 정도 통했다고 생각한다.

일부 정치적으로 반대 의견을 가지고 계신 분들은 필자가 정치적 야심이 있어 그런 글들을 올렸다고 비난하는 듯한 투로 불쾌감을 보이기도 했다. 필자가 아직 현실정치를 포기하지 않았다는 사실은 인정한다. 그러나 '정상 국가의 정상 정치'를 지향하는 한 사람으로서 자신이 추구하고자 하는 정치이념이 무엇이고, 그것을 위해 무슨 일을 해야 하는지를 숙고하고, 그것을 세상에 알려 찬반의 평가를 받으며 동지를 구하고 반대파를 설득하는 것은 정상적인 정치인으로서 마땅히 해야 할 일이 아닐까 싶다. 오히려 국가와 민족을 위한다고 말하면서 실제로는 파당적이거나 개인적인 이해관계에서 벗어나지 못하는 위선적인 사이비 정치인들이 폐쇄적인 방식으로 공적선거의 후보자 선정이나 정책결정 등 정치행위를 전횡하면서 순진한 국민들에게는 '고도의 정치행위이므로 시비 걸지 말라'는 태도를 보이는 것보다는 훨씬 낫다고 생각한다.

성경, 논어, 불경 등을 보면 너무나 좋은 말들이 많다. 따라서 이 세상에 좋은 말들이 없어 사회가 혼란하다고는 생각하지 않는다. 그 좋은 말들이 진정성 있게 실천되지 않기 때문에 필부들은 "사회가 정의롭지 않다"며 좋은 사회 만들기를 체념하고 세상에 욕을 하는 것 같다. 아무튼 독자들께서 필자의 의도를 어떻게 이해하시든 상관없이 6년 전 사회관계망에 올린 글을 다시 반복하면서 세상을 향한 수줍은 고백을 마무리하고자 한다.

"나는 특정 정당 당원이지만 무조건 내가 지지하는 정당이 선거에서 압승하기를 바라지는 않는다. 나는 건전한 보수의 가치를 믿기에 그에 부합되는 후보들이 당선되면 좋겠다고 생각할 뿐이다. 특히 우리나라 같이 국민이 보수와 진보로 나눠져 있는 상황에서 선거에서 특정 정당이 압승해 독재를 하는 것은 불가능하다고 본다. 그렇다면 결국 내가 지지하는 정당과 마찬가지로 상대 당도 건전한 진보정신을 가진 후보들이 당선되어 진정으로 국민을 위한 정치를 할 수 있다면 좋겠다. 그런 의미에서 적어도 국민을 위하는 척

위선을 부리며 국민을 기망하려는 정치인은 지지 정당 여부를 불문하고 도태되는 선거가 되기를 바란다. 지금도 국민의 눈이 무서워 조심스럽게 사는 많은 선량들을 생각하면 적어도 사이비 정치인은 반드시 제거되어야 할 것이다."

이 글을 마무리 지으며 불현듯 국민교육헌장 전문을 언급하고 싶다. 물론 국민교육헌장 전문에는 유신시대를 배경으로 한 전체주의적이고 국가지상주의적인 사고방식이 있다. 따라서 이 시점에 국민교육헌장을 언급하는 것은 시대와 동떨어진 감이 있기는 하지만 적어도 필자와 같은 세대에서 국민교육헌장은 역사상 최초로 한민족으로 하여금 '우리도 할 수 있다'는 민족적 자각과 자긍심을 갖게 하는 정신혁명 지침서로서의 역할을 했다고 생각한다. 물론 반론이 있을 수 있을 것이다. 아무리 훌륭한 성경이나 불경, 유가의 책일지라도 문자 그대로 읽어서는 그 책들이 전해주는 진리를 제대로 이해할 수 없다. 그 점을 감안하면 역으로 현시대와 어울리지 않는 낡은 사고를 기반으로 한 국민교육헌장이라도 올바른 비판정신으로 다시 들여다본다면 현재 우리가 잃어버린 귀중한 가치들을 발견하는 행운을 얻을 수 있을 것이라고 생각한다. 특히 젊은 세대들이 국민교육헌장을 통해 과거 대한민국의 발전단계에서 치열하게 살았던 기성세대들의 한 단면, 즉 그들이 어떤 가치관을 주입받으면서 세상을 살았는지 살펴볼 수 있는 계기가 되었으면 좋겠다.

국민교육헌장

우리는 민족중흥의 역사적 사명을 띠고 이 땅에 태어났다. 조상의 빛난 얼을 오늘에 되살려 안으로 자주독립의 자세를 확립하고, 밖으로 인류공영에 이바지할 때다. 이에 우리의 나아갈 바를 밝혀 교육의 지표로 삼는다. 성실한 마음과 튼튼한 몸으로 학문과 기술을 배우고 익히며, 타고난 저마다의 소질을 계발하고 우리의 처지를 약진의 발판으로 삼아 창조의 힘과 개척의 정신을 기른다. 공익과 질서를 앞세우며 능률과 실질을 숭상하고, 경애와 신의에 뿌리박은 상부상조의 전통을 이어받아 명랑하고 따뜻한 협동 정신을 북돋운다. 우리의 창의와 협력을 바탕으로 나라가 발전하며 나라의 융성이 나의 발전의 근본임을 깨달아, 자유와 권리에 따르는 책임과 의무를 다하며, 스스로 국가 건설에 참여하고 봉사하는 국민정신을 드

높인다.

　반공 민주 정신에 투철한 애국 애족이 우리의 삶의 길이며, 자유세계의 이상을 실현하는 기반이다. 길이 후손에 물려줄 영광된 통일 조국의 앞날을 내다보며, 신념과 긍지를 지닌 근면한 국민으로서 민족의 슬기를 모아 줄기찬 노력으로 새 역사를 창조하자.

저자 사진으로 본
부평, 인천, 대한민국

사진 출처 : 조용균

자랑스러운 (사)인천부평사랑회

2023년 부평풍물대축제

2023년 문학산 (산상) 음악회

깨어있는 인천시민들의 향연, 새얼아침대화

인천의 꿈, 대한민국의 미래. 민선8기 유정복 인천광역시장 취임식

윤석렬 대통령 후보의 인천에 대한 포부

공정과 상식의 회복, 윤석열 정부의 출범식

인천 SSG 랜더스의 본거지, 문학야구경기장

인천 차이나타운

인천 차이나타운의 10월

송도맥주축제의 뜨거운 열기

인천 송도신도시의 기적

인천 송도신도시

보수를 보수하라

인천대교의 석양

광화문과 해태

성균관 대성전

수출한국의 견인차, 무역협회

무역강국 대한민국의 표상, 무역협회의 위용

코엑스 전시관

보수를 보수하라

코엑스 별마당도서관

국립중앙박물관

서울 예술의전당

관악산

보수를 보수하라

한국의 실리콘밸리 판교

독립문 앞에서

46인의 천안함 영웅들을 기리며

이천호국원. 대한민국의 오늘이 있게 하신 분들이 잠들어 있는 곳

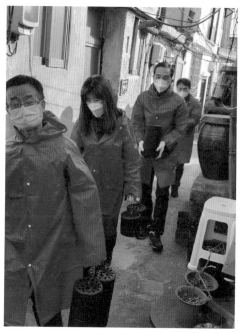

연탄봉사활동

민들레국수집

인수봉에서의 환갑잔치

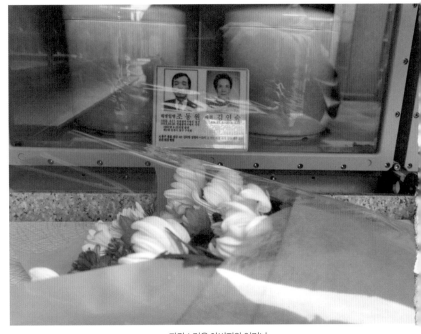

자랑스러운 아버지와 어머니

한려해상국립공원에서 가족과 함께

북한산 백운대의 휘날리는 태극기와 필자